MANUEL

DE LA

Typographie française

OU

TRAITÉ COMPLET

DE L'IMPRIMERIE

OUVRAGE UTILE AUX JEUNES TYPOGRAPHES, AUX LIBRAIRES ET AUX GENS DE LETTRES

Par P. Capelle

INSPECTEUR DE L'IMPRIMERIE ET DE LA LIBRAIRIE.

IMPRIMÉ SOUS LA DIRECTION TYPOGRAPHIQUE

DE RIGNOUX.

1re Livraison.

PARIS.

RIGNOUX, RUE DES FRANCS-BOURGEOIS-S.-MICHEL.
BAUDOUIN FRÈRES, RUE DE VAUGIRARD.
AILLAUD, QUAI VOLTAIRE.
DELAUNAY, PALAIS-ROYAL, GALERIE DE BOIS.

M DCCC XXVI.

MANUEL

DE LA

TYPOGRAPHIE FRANÇAISE.

PARIS. — DE L'IMPRIMERIE DE RIGNOUX,

RUE DES FRANCS-BOURGEOIS-S.-MICHEL, N° 8.

MANUEL

DE LA

TYPOGRAPHIE FRANÇAISE

OU

TRAITÉ COMPLET

DE L'IMPRIMERIE

OUVRAGE UTILE AUX JEUNES TYPOGRAPHES, AUX LIBRAIRES ET AUX GENS DE LETTRES

PAR P. CAPELLE

INSPECTEUR DE L'IMPRIMERIE ET DE LA LIBRAIRIE.

IMPRIMÉ SOUS LA DIRECTION TYPOGRAPHIQUE
DE RIGNOUX.

PARIS.

RIGNOUX, RUE DES FRANCS-BOURGEOIS-S.-MICHEL.
BAUDOUIN FRÈRES, RUE DE VAUGIRARD.
AILLAUD, QUAI VOLTAIRE.

M DCCC XXVI.

INTRODUCTION

A L'HISTOIRE DE L'IMPRIMERIE.

Iₗ est impossible de dire à quelle époque les hommes ont commencé de consigner *par écrit* leurs pensées. Tous les auteurs conviennent que la première écriture a dû être en images ; qu'elle a donné naissance à l'écriture hiéroglyphique ou symbolique, aujourd'hui toute mystérieuse pour nous, et qui, lors même qu'on la pratiquait, était, à un petit nombre de signes près, un secret pour le peuple.

La tradition, aidée de quelques monumens grossiers, est le premier moyen qu'on ait employé pour transmettre le souvenir des faits remarquables dans l'histoire de l'antiquité. Ensuite l'art d'écrire a consisté dans une représentation informe et grossière des objets corporels allégoriques ou emblématiques : c'est là l'écriture dont les Égyptiens ont d'abord fait usage. Elle consistait en des hiéroglyphes assez semblables à nos *rébus* : un cercle signifiait le *soleil* ; un croissant, la *lune* : la légèreté s'exprimait par un *oiseau* ; une chose funeste, par un *crocodile* ; la vigilance, par un *œil* ; l'activité, par une *main*, etc.

Les caractères dont les Chinois se servent encore aujourd'hui dérivent de cette première pratique. Cette écriture, appelée l'*écriture des pensées*, exprimait la totalité des choses, une action, un événement avec toutes ses circonstances, et quelquefois même, au moyen de quelques nuances, le jugement qu'on devait en porter.

L'art d'écrire était dans cet état lorsqu'un génie heureux, nommé Thait ou Thot, secrétaire de Misraïm, l'un des premiers rois d'Égypte, inventa l'*écriture des sons*. Cette écriture, au moyen de deux douzaines de signes, ou à peu près, auxquels on donna un son de convention, remplaça cette infinité de traits hiéroglyphiques qui, étant isolés, avaient un sens propre et fort étendu, mais qui ne pouvaient rendre toutes les pensées métaphysiques et intellectuelles. C'est par les divers assemblages et les différentes combinaisons de ces signes sonores rapprochés, qu'on forma premièrement des mots univoques, expressifs pourtant, qui furent les racines de plusieurs autres mots qui servirent à rendre les pensées, et à les différencier selon leur degré d'approximation ou de disparité.

Quelques savans croient que les sons dont on a formé les premières langues ont été empruntés des animaux ou des choses qui produisent du bruit.

Bos, en latin, a du rapport avec le mugissement du bœuf ; dans *bélier*, se trouve *bé*, cri ordinaire de cet animal. On a suivi la même marche pour exprimer *beugler, coucou, trictrac, taffetas, charivari, cliquetis, tintamarre, galimatias*, et autres mots imitatifs. M. le premier président de Brosses, de Dijon, a travaillé sur l'origine des langues, et il la trouva dans certains sons qu'il appelle *radicaux*. Par exemple, l'expression radicale des choses en mouvement est FL, d'où dérivent *flamme, flèche, fleuve, flexible, fléchir*, etc.

L'expression radicale du repos était ST, d'où dérivent *stable, statue, stagnation, stupéfait, stoïcien*, etc. On se sert encore de ST pour dire *taisez-vous*.

Les auteurs de tous les pays et de toutes les religions, les plus instruits dans les langues orientales, regardent l'hébreu comme la mère et la source de presque toutes les langues, du phénicien, du samaritain, de l'égyptien, du syriaque, du chaldéen, de l'arabe, de l'éthiopien, du persan, du grec, du latin, etc. Ils sont d'accord avec Hérodote et Lucain, qui attribuent l'invention des lettres aux Phéniciens, puisque la Phénicie ancienne ne s'étendait pas seulement sur les côtes de la Méditerranée jusqu'en Égypte, mais comprenait encore la Judée, la Syrie, le pays des Cananéens et des Hébreux : or, ils assurent que les langues phénicienne et cananéenne étaient les mêmes que la langue hébraïque [1].

Cadmus, roi de Thèbes, fils d'Agénor, apporta les lettres de Phénicie en Grèce, deux cent cinquante ans avant la guerre de Troie, l'an 1519 avant Jésus-Christ.

> C'est de lui que nous vient cet art ingénieux
> De peindre la parole et de parler aux yeux,
> Et, par cent traits divers de figures tracées,
> Donner de la couleur et du corps aux pensées.
>
> BRÉBEUF, *trad. de Lucain* [2].

Cadmus n'apporta de la Phénicie en Grèce que seize lettres; Palamède [3] en ajouta

---

[1] Tacite, dans ses *Annales*, liv. XI, chap. 14, nous apprend aussi que les Égyptiens se donnent pour les inventeurs des lettres. Ils les ont, dit-il, transmises aux Phéniciens, et ceux-ci les ont communiquées aux Grecs. Les Grecs, reconnaissans, ont appelé les lettres *phéniciennes*.

Pline et Diodore de Sicile regardent les Phéniciens comme les pères de l'*écriture*. Cette opinion est appuyée par une foule de savans modernes, tels que Genebred, Bellarmin, Huet, Montfaucon, Calmet, Scaliger, Grotius, et autres.

[2] Avant Brébeuf, Corneille avait dit, en parlant de la Phénicie :

> C'est d'elle que nous vient ce fameux art d'*écrire*,
> Cet art ingénieux de parler sans rien dire;
> Et par les traits divers que notre main conduit,
> Attacher au papier la parole qui fuit.

[3] Palamède, fils de Nauplius, roi d'Eubée, était un prince ingénieux, auquel on attribue l'invention des poids et des mesures; l'art de ranger un bataillon, de régler l'année par le cours du soleil, et les mois par le cours de la lune. Quelques-uns lui attribuent aussi l'invention du jeu d'échecs, celui des dés, etc. Les poëtes disent qu'Ulysse, ayant contrefait l'insensé pour n'être pas obligé d'aller au siége de Troie, ce fut Palamède qui découvrit la feinte, et qu'Ulysse s'en vengea dans la suite par une autre ruse, et fit lapider Palamède par les princes grecs.

quatre; puis elles passèrent aux Latins. Pline, qui rapporte ce fait (*Hist. nat.*, lib. VII, cap. 56), en trouve la preuve dans une ancienne tablette de cuivre venue de Delphes, et qui était, de son temps, conservée dans la bibliothèque du Palatium (Mont Palatin).

Mais il n'est point d'auteurs qui aient mieux montré l'origine, la forme, la filiation et les branches des alphabets de presque tous les peuples du monde, et leur variation selon les différens âges, que Mabillon, de Vaines, et les savans de l'université d'Oxford, dans *Eduardi Bernardi orbis eruditi Litteratura, à charactere samaritano deducta...* (D. Carol. Morton, *Londini*, 1759.)

Il résulte de leurs recherches, que les caractères phéniciens, hébreux, samaritains, étaient anciennement les mêmes, ou qu'ils différaient peu entre eux. Ils ont donné naissance au syriaque : l'arabe et le grec sont tirés du syriaque; le latin, du grec; le franc et le saxon, du latin; le gothique, dont Ulphilas est l'auteur, du grec et du latin; le runique, du gothique; l'alphabet russe et l'esclavon, du grec, de même que l'arménien, le cophte et l'éthiopien.

L'écriture a reçu des formes différentes, selon le goût ou le génie des nations qui l'ont pratiquée. L'habileté ou l'ignorance des écrivains ont aussi introduit des variétés infinies dans la figure des lettres.

S'il faut en croire quelques savans, les lettres majuscules dont nous nous servons tiennent leur forme des choses usuelles : on en composa des hiéroglyphes, et on les fit entrer comme partie constituante des mots, selon l'analogie qui se trouvait entre le mot et l'objet. Le besoin d'eau a fait sentir la nécessité des puits : il fallait des machines, des crochets, etc.; et il y a apparence que les lettres sont des imitations des machines.

La lettre A est composée de deux montans et d'une barre qui, avant l'invention des poulies, était utile pour les cordes.

D, ou plutôt ⊐, était un demi-anneau; B ou ⇆, un double demi-anneau applicable à deux cordes; O, était un anneau complet; C, G, S, des crochets; E, un râteau; T, un marteau; M, N, V, X, Y, des profils de hamacs et de vases pour abreuver les bestiaux; H, un siège. On croit que le *lambda* des Grecs et le *lamed* hébraïque sont, le premier, les deux montans d'une chèvre de charpentier, et le deuxième, un treuil avec sa manivelle. L'origine de ces lettres initiales est regardée comme une fable par quelques écrivains; mais elle est accréditée par plusieurs autres. Il a même été proposé de rétablir quelques-unes des machines anciennes par les lettres de l'alphabet; et ce projet a été réalisé en Suisse et en Hollande par M. Quatremère. La lettre grecque *théta* se trouve dans le mot *mamelle*, et elle en est la représentation : peut-être le mot *téter* dérive-t-il de là. Dans l'expression arabe qui signifie *armée*, on trouve toutes les pièces du sabre, première arme.

Il y a eu plusieurs manières de tracer les lignes en écrivant. Elles ont été formées de *droite à gauche* pour la première ligne, et de *gauche à droite* pour la seconde, et ainsi de suite, par les Hébreux, les Chaldéens, les Samaritains, les Syriens, les

Grecs, les Persans, les Arabes, les Tartares; ensuite elles ont été tracées de *gauche à droite* par les Grecs, les Romains, les Toscans, les Arméniens, les Esclavons et les autres peuples de l'Europe. Les Chinois et les Japonais écrivent de *bas en haut;* les Mexicains de même; d'autres en cercle, en partant du centre : de là l'écriture *horizontale, perpendiculaire* et *orbiculaire.*

L'écriture des anciens Grecs ne consistait qu'en lettres capitales ou majuscules : on ne peut juger aujourd'hui de cette écriture que d'après les inscriptions faites sur le marbre ou sur la pierre. Les premiers manuscrits étaient écrits avec les mêmes caractères; et cette espèce d'écriture ne parvint à toute sa beauté que sous le règne des empereurs grecs.

Cette écriture en lettres majuscules resta en usage chez les Grecs jusqu'au neuvième siècle. Les écritures avec ornemens se voient dans les manuscrits du dixième siècle.

L'écriture latine était parvenue à un grand degré de beauté du temps des premiers empereurs romains. La belle forme des lettres capitales en usage à cette époque peut se voir dans les inscriptions des anciens édifices ; on les trouve aussi sur les médailles romaines qui datent de deux siècles avant Jules-César : mais, sous Auguste, l'écriture parvint à sa plus grande perfection, état dans lequel elle se maintint à peu près jusqu'au cinquième siècle.

Les majuscules romaines commencèrent à changer de forme dans les manuscrits du cinquième siècle, lorsque les Goths se furent rendus maîtres de l'Italie; cependant la petite écriture courante ne fut employée qu'au huitième siècle, et ne se montre dans les manuscrits qu'au neuvième. La forme des caractères a été altérée autant de fois que différens peuples se sont emparés de l'Italie et des pays limitrophes : et c'est ainsi que parurent successivement l'écriture *lombarde,* la *visigothique,* dont on commença à se servir en France vers le cinquième ou le sixième siècle, laquelle, par le mélange des Romains et d'autres peuples, s'est formée en une belle écriture ronde, du cinquième au septième siècle; la *france-gallique* ou *mérovingienne;* également au cinquième siècle; et la *carlovingienne,* qui fut employée en Allemagne sous Charlemagne. Cette dernière fut fort belle en France jusqu'au dixième siècle, et en Allemagne jusqu'au treizième.

Quoique les manuscrits fussent fort rares et fort chers, cela n'empêchait pas qu'il n'y eût des bibliothéques immenses. On vante celles des Égyptiens et des Phéniciens. Les auteurs ne parlent point des bibliothéques de la Chaldée, qui devaient cependant être considérables, puisque ce pays était celui des savans, particulièrement dans l'astronomie.

Selon Diodore de Sicile, le premier qui fonda une bibliothéque en Égypte fut Osymandias, successeur de Protée et contemporain de Priam, roi de Troie. Ce prince aimait tant l'étude, qu'il fit construire une bibliothéque magnifique, ornée des statues de tous les dieux de l'Égypte, et sur le frontispice de laquelle il fit écrire ces mots : *Trésor des remèdes de l'âme.* On sait que la bibliothéque d'Alexandrie était de sept cent mille volumes. Pergame, Suze, Athènes, Héraclée, Rome, Césarée, Antioche, Constantinople, Londres, etc., avaient des bibliothéques nombreuses, et qui coûtaient des prix immenses, puisqu'elles n'étaient qu'en manuscrits [1].

Les différences et les signes qui doivent aider à déterminer l'âge des manuscrits n'ont aucun caractère certain : on ne peut nier cependant que la forme des lettres ne contribue beaucoup à éclaircir cette recherche. La couleur de l'encre, et particuliè-rement les ornemens qui décorent les lettres, sont des guides encore plus sûrs que leur forme.

D'après les comparaisons qu'on a eu occasion de faire, la *ponctuation*, conjointe-ment avec l'*orthographe*, peut devenir une marque primaire pour juger avec certitude l'âge des manuscrits; toutes les autres marques sont secondaires et soumises à l'empire des circonstances : elles sont cependant nécessaires pour compléter les moyens d'asseoir son jugement.

Dans les manuscrits les plus anciens des cinquième, sixième et septième siècles, on ne trouve point d'intersection, mais les lignes entières écrites sans distinction de mots : c'est le caractère de ceux antérieurs à Charlemagne.

Le point est tout-à-fait omis dans les manuscrits de ces mêmes siècles; et là où il commence à paraître, on le trouve souvent au haut de la lettre, et non pas sur la ligne. Un usage bien ancien encore, est de mettre deux points avec une espèce de circonflexe là où nous sommes accoutumés d'employer le point d'interrogation.

On commença à séparer les mots dans les huitième et neuvième siècles.

C'est après ce dernier siècle que les virgules commencent à paraître.

Vient ensuite le point à virgule, mais autrement appliqué qu'aujourd'hui. On le trouve là où nous mettons le point, ou la virgule simplement, ou le point double.

Dans les onzième et douzième siècles, la virgule est posée au-dessus du point, et non pas au-dessous, comme elle l'est actuellement.

La méthode de séparer les mots par de petits traits était en usage au treizième siècle. Ces petits traits n'étaient pas conduits en ligne droite, mais inclinés de droite à gauche. Quelques personnes prétendent que la ligne horizontale se trouvait déjà dans les manuscrits des neuvième, dixième, onzième et douzième siècles : l'époque de son origine semble donc moins exactement connue.

A la fin du quatorzième siècle commence notre manière d'employer la ponctuation, sur laquelle cependant on n'est pas encore d'accord aujourd'hui.

A la moitié du quinzième siècle, on se servit, pour la première fois, des signes d'interrogation, d'exclamation, et de parenthèses.

C'est à cette époque environ que l'on place l'invention de l'Imprimerie; mais l'on

---

[1] Les bibliothèques d'Alexandrie et de Constantinople furent consumées, l'une par le feu de la guerre, environ cinquante ans avant Jésus-Christ; la seconde par les torches du fanatisme, sous le règne des premiers empereurs turcs.

diffère, et l'on différera vraisemblablement long-temps encore sur le nom de son véritable inventeur. J'essaierai bientôt de résumer les différentes versions établies à ce sujet. Je dois auparavant, et en revenant sur mes pas, dire un mot sur l'usage que l'on fit des lettres, ou des caractères imaginés par les Phéniciens.

Lorsque les caractères furent inventés, on les traça d'abord sur des feuilles de palmier, ensuite sur l'écorce intérieure du tilleul, sur le *papyrus* [1], sur des tablettes enduites de cire [2], sur des peaux de boucs, de moutons, sur de la toile enduite, sur de la soie, de la corne; et, long-temps après, sur le *papier* [3].

[1] Plante qui croît en Égypte, le long du Nil : sa tige est formée de plusieurs lames minces concentriques, et qui se détachent aisément les unes des autres. C'est de là qu'est venu le mot *papier*.

Voici comment on fabriquait le *papyrus*. Après avoir retranché les tiges de son sommet, il restait une tige que l'on coupait exactement en deux; on séparait légèrement les enveloppes dont elle était vêtue, et qui ne passaient pas le nombre de vingt. Plus ces tuniques approchaient du centre, et plus elles avaient de finesse et de blancheur. On étendait une enveloppe coupée régulièrement sur cette première feuille ainsi préparée; on en posait une autre à contre-fibre, et on les couvrait d'eau double du Nil, qui, en Égypte, tenait lieu de la colle qu'on employait ailleurs. En continuant ainsi d'ouvrir plusieurs feuilles ensemble, on en formait une pièce qu'on mettait à la presse, qu'on faisait sécher, qu'on frappait avec le marteau, et que l'on polissait par le moyen de l'ivoire ou de la coquille.

Pline nous apprend que lorsqu'on voulait transmettre à la postérité la plus reculée les ouvrages écrits sur le *papyrus* d'Égypte, on avait l'attention de le frotter d'huile de cèdre, qui lui communiquait l'incorruptibilité de cet arbre.

La longueur du *papyrus* n'avait rien de fixe; mais elle n'excédait jamais deux pieds.

[2] On se servait d'un poinçon ou stylet pointu par un bout; l'autre bout était arrondi, et servait à effacer ce qu'on avait écrit, en étendant de nouveau la cire sur la tablette : c'est ce qui faisait dire à Horace, *sæpe stylum vertas*, retournez souvent votre stylet, pour retoucher souvent votre ouvrage. Boileau, dans son *Art poétique*, imité d'Horace, a dit :

> Vingt fois sur le métier remettez votre ouvrage.

[3] On croit que le *papyrus* a cessé d'être en usage dans le onzième siècle. Le *papier* fut d'abord fabriqué avec du coton. La Bibliothèque Bodléienne, en Angleterre, possède un manuscrit de 1049, entièrement écrit sur *papier* de coton; la Bibliothèque Royale, à Paris, en possède, sous le n° 2889, un autre de 1050; il en existe un troisième, de 1095, à Vienne, dans la Bibliothèque de l'Empereur. Lambecius et Montfaucon parlent de ce manuscrit.

Montfaucon assure qu'il n'a trouvé ni en France ni en Italie des écrits sur papier de chiffons fait avant le règne de saint Louis, qui mourut en 1270; mais Pierre-le-Vénérable, abbé de Cluni, qui florissait avant l'an 1120, affirme que le papier de chiffons était employé de son temps : « Les livres « que nous lisons tous les jours, dit-il, sont faits de peaux de béliers, ou de boucs, ou de veaux, « ou de plantes orientales, ou enfin de chiffons de drap, de linge, *ex rasuris veterum pannorum* « *compacti.* »

On fait du *papier* avec différentes matières; mais, jusqu'à présent, ce *papier* est plutôt un objet de curiosité que d'utilité. On a fait, en Angleterre, du papier avec des orties, des navets, des panais, des feuilles de choux, du lin en herbe, et plusieurs autres végétaux fibreux; on en a fait avec de

Les temps les plus reculés nous montrent également les caractères gravés sur la pierre et sur les métaux.

Si l'on jette les yeux sur les anciens peuples, on voit, dans l'Écriture, Moïse qui apporte aux Israélites les lois de Dieu gravées sur des tables de pierre[1] ; ici c'est Bézéléel, de la tribu de Juda, qui grave les noms des douze tribus d'Israël sur les douze pierres précieuses qui décorent l'éphod du grand-prêtre ; ailleurs c'est Judas Machabée qui reçoit des Romains un traité d'alliance gravé sur cuivre. Platon, dans ses Dialogues, nous apprend que Talus, ministre de Minos, roi de l'île de Candie, promulgua les lois de l'état gravées sur des lames d'airain. Higin, qui écrivit sous Trajan, nous dit qu'à Rome l'incendie du Capitole, sous le règne de Vitellius, détruisit les tables d'airain qui traçaient les limites des terres que la république assignait aux soldats de ses colonies.

On conservait dans le temple des Muses, en Béotie, les œuvres du poëte Hésiode gravées sur des lames de plomb. Les lois de Solon furent écrites sur des tables de bois, que l'on gardait à Athènes dans le Prytanée. Homère, Aristophane, en reconnaissaient l'usage. Les Lombards les transportèrent en Italie.

Le peuple souverain de l'Attique marquait sur des têts ou coquilles le nom des citoyens dont l'autorité lui était suspecte, et les condamnait à l'exil : de là ce jugement populaire appelé *ostracisme*, d'*ostrakon*, qui, en grec, signifie *écaille*[2]. La chronique de cette république fut gravée en lettres capitales grecques sur le marbre de Paros. Le Muséum d'Oxford possède ces précieux monumens, travaillés deux cent soixante-quatre ans avant l'ère chrétienne, trouvés, seulement au commencement du dix-septième siècle, dans les Cyclades, et transportés en Angleterre par les soins de *Thomas d'Arundel*.

On conserve au Muséum français les tables de marbre sur lesquelles on lit encore les noms des héros qui, sous les ordres de Léonidas, défendirent, l'an 480 avant Jésus-Christ, le passage des Thermopyles.

la laine blanche, qui n'était pas propre à écrire, mais qui pouvait servir dans le commerce. Le marquis de Salisbury, en Angleterre, et, en France, Anisson-Duperron, directeur de l'Imprimerie Royale, ont fabriqué du *papier* de paille. On en a fait avec de la guimauve, avec des roseaux, du chiendent, de la mousse, du fusain, etc.

On peut rendre une infinité de matières propres à faire du papier ; mais la difficulté est d'en faire qui coûte moins que le papier fait avec des chiffons.

[1] *Excidit duas tabulas lapideas.... Scripsit in tabulis verba fœderis decem.* Exod. XXXIV, 4 et 28. *Sculpantur in silice.* Job. XIX, 24.

Moïse, élevé dès sa jeunesse parmi les Égyptiens, instruit de toute leur sagesse, écrivit ses livres et ses lois en caractères phéniciens, c'est-à-dire samaritains, qui est l'ancien hébreu. Le Décalogue fut gravé sur des tables de pierre.

[2] *L'ostracisme* était une loi, en vertu de laquelle les Athéniens bannissaient pour dix ans les citoyens que leur puissance, leur mérite trop éclatant, ou leurs services, rendaient suspects à la jalousie républicaine. Les suffrages se donnaient par bulletins, et ces bulletins avaient originairement été des coquilles.

Il y a plus de trois mille ans que Job disait : « Qui m'accordera que mes paroles « soient écrites? qui me donnera qu'elles soient tracées dans un livre avec un stylet « de fer ; qu'elles soient gravées sur une lame de plomb, ou sur la pierre, avec le « ciseau?»

Lorsque, sept cent quinze ans avant Jésus-Christ, Numa Pompilius, pour adoucir le caractère du peuple romain, encore farouche et barbare, institua les cérémonies religieuses en l'honneur de Vesta, les préceptes en furent écrits sur des tables en bois.

Les nouvelles lois que les décemvirs avaient puisées en Grèce, dans celles de Solon et de Lycurgue, furent gravées sur dix tables d'airain, et exposées sur les *rostres*, afin que le peuple en prît plus facilement connaissance.

On voit à Lyon les deux tables d'airain sur lesquelles est gravée la harangue que l'empereur Claude prononça dans le sénat de Rome en faveur des Lyonnais [1].

Enfin, de temps immémorial, on a gravé en creux et en relief les médailles, les pierres fines, les métaux et le bois; nous voyons même sur les plus anciens monumens des traces de la gravure au simple trait. On trouve en France, sur quelques tombeaux du onzième siècle, des plaques de fer battu, gravées par le même procédé que nos planches en cuivre, avec le burin; mais on n'a aucune notion que les anciens aient eu la moindre pensée d'en tirer des épreuves. Il en résulte qu'avant l'invention de l'Imprimerie, la gravure, trouvée par les anciens, est devenue pour les modernes la seule âme des ruines de l'antiquité, l'unique chaîne de communication qui joint le passé à l'avenir.

---

[1] Claude était de Lyon, où il naquit dix ans avant Jésus-Christ. Il obtint du sénat que cette ville serait mise au rang des colonies romaines. Le discours qu'il prononça à ce sujet s'est conservé sur deux tables, que les Lyonnais firent graver à cette époque pour perpétuer leur reconnaissance.

HISTOIRE

DE L'IMPRIMERIE.

Iʟ est incontestable que l'Art de l'Imprimerie prit naissance au quinzième siècle ;
mais les bibliographes sont peu d'accord sur le lieu où cette invention sublime
a été découverte, ainsi que sur le nom de celui à qui on la doit ; et s'il est vrai,
comme on l'a dit, que nous soyons encore *trop près* des premiers jours de
l'Imprimerie pour *mesurer son influence* [1], on doit convenir aussi, et peut-être
avec plus de certitude et de raison, que nous en sommes déjà *trop loin* pour
connaître véritablement les circonstances de son origine ; car, après s'être épuisé
en conjectures, l'on est forcé de dire avec M. P. Didot :

> Cet art qui, tous les jours, multiplie avec grace
> Et les vers de Virgile et les leçons d'Horace ;
> Qui, plus sublime encor, plus noble en son emploi,
> Donne un texte épuré des livres de la loi,
> Et parmi nous, de Dieu conservant les oracles,
> Pour la religion fit ses premiers miracles ;
> Des grands événemens cet art conservateur,
> Trop ingrat seulement envers son inventeur,
> N'a pas su nous transmettre avec pleine assurance
> Le génie étonnant qui lui donna naissance.
>
> *Épître sur les progrès de l'Imprimerie.*

Les Allemands et les Hollandais se disputent cet honneur. Les premiers sont
même partagés entre eux : les uns l'attribuent à la ville de Mayence, les autres
à celle de Strasbourg ; et ils diffèrent également d'opinion sur le nom de l'inventeur. Mais les derniers du moins ont été d'accord tant sur le lieu où s'est
fait cette découverte, que sur le nom de la personne à qui nous la devons.

L'opinion la plus généralement répandue est que les graveurs en bois ont
été les inventeurs de l'Imprimerie ; et l'on sait que les cartes à jouer furent
inventées (d'après la Chronique de Jehan de Saintré, page de Charles V) vers

---

[1] Daunou, *Analyse des opinions diverses sur l'Art de l'Imprimerie.*

l'an 1376, et qu'elles furent gravées en Allemagne au commencement de l'an 1400 [1]. Mais on sait aussi que, plusieurs siècles avant la découverte de ce procédé, la Chine faisait usage de planches gravées [2].

Les plus anciens livres, tout à la fois gravés ou sculptés, et imprimés en Europe, datent, selon la chronologie établie par Seizius, de 1431. Ce sont ceux qui caractérisent plus particulièrement l'origine de l'Imprimerie, parce qu'ils sont tout entiers de la main des graveurs en bois. Ces livres, ou plutôt ces recueils d'images, étaient entremêlés de mots explicatifs placés dans le haut ou dans le bas de la planche, et quelquefois sur les côtés, comme on le pratique encore pour les estampes que l'on fabrique à bas prix, soit à Paris, soit à Orléans. On y plaçait aussi des banderoles, afin d'indiquer le rôle des personnages, comme on le fait encore dans les caricatures.

Il n'en fallait pas davantage pour faire naître l'idée de graver des pages entières d'écriture, connues depuis sous le nom d'éditions xilographiques ou tabellaires [3]. Mais il y avait de grands inconvéniens à employer des planches gravées en une seule pièce : il fallait préparer autant de planches que le livre avait de pages, graver autant de lettres qu'il y en avait dans le discours, chacune ne pouvant servir que dans le lieu où elle était fixée. Les lettres étaient sans uniformité, et les fautes du graveur ne pouvaient se réparer que par des chevilles qui avaient rarement la solidité du plein bois. En outre, ces planches, alternativement mouillées et séchées, se tourmentaient, se fendaient, et ne pouvaient pas être d'un long service : on ne pouvait d'ailleurs s'en servir que pour un seul ouvrage. On s'aperçut de la quantité qu'il en fallait pour faire un livre, et de l'embarras que ces planches occasionaient dans les ateliers. On

---

[1] C'est aussi l'opinion de Trithème, un des plus près de l'invention de l'Imprimerie, et un des plus judicieux écrivains qui en aient parlé.

Prosper Marchand et plusieurs autres manifestent la même opinion ; et nos premiers livres en sont la preuve irrécusable.

[2] Ange Roccha, dans sa *Bibliotheca vaticana illustrata*, *Romœ*, 1591, in-4°, pag. 419, dit que l'usage de l'Imprimerie tabellaire était connu à la Chine plus de 300 ans avant Jésus-Christ. Les missionnaires jésuites, qui ont passé trente et quarante années à Pékin, où ils ont étudié la langue, les sciences, les arts, l'histoire, les mœurs, les usages des Chinois, et qui nous ont fait passer les relations les plus exactes, soit dans leurs *Lettres édifiantes*, soit dans leurs *Mémoires*, s'accordent presque tous à donner à l'Imprimerie chinoise plus de seize cents ans d'antiquité [*]. *Couplet*, né à Malines, missionnaire à la Chine en 1659, la date seulement de l'an 930 de notre ère.

[3] On appelle *xilographique* ou tabellaire l'impression opérée par des planches de bois pareilles à celles dont on se sert pour l'impression des indiennes, des papiers de tenture, etc.; et, en général, celle qui provient des planches solides, quelle que soit la matière des planches qui ont servi à l'obtenir. Ce n'est là que la gravure appliquée à la représentation du discours écrit.

---

[*] Ces missionnaires écrivaient vers le milieu du dix-septième siècle.

conçut alors l'idée de faire des caractères mobiles en bois, c'est-à-dire des lettres isolées [1]. Là commencent les contradictions des écrivains qui ont traité de l'origine de l'Imprimerie. Selon quelques-uns, ce procédé fut inventé vers l'an 1437, par Laurent Janszoon Coster [2], à Harlem; et voilà la première époque de l'invention de l'Imprimerie.

Les lettres en bois furent d'abord taillées avec un couteau. Laurent Coster, disent ses partisans, se livrait à ce travail en se promenant dans la campagne; il choisissait préférablement du bois de hêtre.

Après avoir fait plusieurs essais sur des cartons, il entreprit l'impression du livre désigné sous le titre de *Horarium*. Méerman place ce livre à la tête des plus anciennes productions typographiques. Cet ouvrage, qui a dû être *imposé* in-4°, est imprimé des deux côtés, et dans le plus petit format : chaque page a neuf lignes. Les grandes initiales manquent; quelques lettres, comme *ce*, *de*, sont liées deux à deux.

Junius dit que Laurent avait fait cet ouvrage pour l'éducation de ses petits-enfans. Enschède, célèbre fondeur et imprimeur à Harlem, en trouva une feuille dans un très-ancien morceau de parchemin : il comprend, en huit pages, un alphabet, l'oraison dominicale, le symbole des apôtres. Ce morceau de parchemin était collé contre une vieille couverture de livre contenant des prières et des psaumes en hollandais. Comme il était impossible de l'enlever en entier de cette couverture, Enschède fut obligé de le couper en deux. Le tout s'accorde parfaitement avec la description de Junius; car, lorsque l'on compare ce fragment avec la première édition du *Speculum humanæ salvationis* [3], en hollandais,

---

[1] La marche de l'esprit humain a été bien lente. On lit dans Quintilien, livre 1er, chapitre 1er : « C'est un artifice connu de tout le monde, de faire jouer les enfans avec des lettres d'ivoire, « pour les mettre en humeur d'apprendre. » Saint Jérôme parle de lettres de buis ou d'ivoire. De là à la gravure d'une page entière, ou à l'assemblage de ces lettres isolées, il semblait n'y avoir qu'un pas; et il a fallu plus de quatorze siècles pour le faire. Quintilien vivait dans le premier siècle de l'ère chrétienne; et, d'après les termes dont il se sert, il est probable que l'artifice dont il parle était connu depuis long-temps.

Platon, dans son *Livre des lois*, avait déjà proposé cette méthode avant Quintilien, dans l'article *Quomodo pueri alliciendi sint ad studia disciplinarum*.

Les transpositions et les renversemens de lettres que l'on remarque dans certaines médailles ont fait conjecturer au comte de Caylus, et à d'autres antiquaires, que les anciens se servaient de caractères séparés.

[2] Junius, Scriverius, Boxhornius, et autres écrivains hollandais, font descendre Laurent d'une famille de Hollande, dont le nom est Coster. D'autres assurent que ce nom lui vient de la place de sacristain (*coster*) : ils prouvent qu'effectivement Laurent exerçait ces fonctions à Harlem, vers le milieu du quinzième siècle, et que ce nom (*Coster*) lui fut donné par ses concitoyens. (*De l'Invention de l'Imprimerie*, par Méerman, pag. 58 et 59.)

[3] Ou *Speculum salutis* (le Miroir du salut). Cet ouvrage avait été écrit en latin, format petit in-folio, dans le treizième siècle, par un moine de l'ordre de saint Benoît. Il fut depuis traduit en allemand,

et avec les première et seconde éditions du *Donat* [1], il paraît visiblement qu'il a été publié avant [2].

J'ai placé à la fin de cet ouvrage, et sous la désignation de la lettre A, une page exactement figurée de l'*Horarium*, considéré, par quelques bibliographes, comme le premier monument typographique.

L'empreinte d'un cachet fut, dit-on, le premier guide de l'inventeur de l'Imprimerie [3] : elle lui apprit en même temps à former une composition

en flamand, en français-gaulois, en anglais, en saxon-danois, et gravé sur planches fixes et en caractères mobiles en bois. Fournier compte six éditions de cet ouvrage publiées pendant le quinzième siècle. Il en a vu quatre exemplaires latins à Paris, et un en flamand. Il a exercé ses talens sur les différens caractères employés dans ces éditions, et les juge tous sculptés sur bois. Papillon en admet une partie en fonte et l'autre en bois.

J'ai vu à la Bibliothèque Royale cet ouvrage rare et singulier. Il est composé de soixante-trois feuillets petit in-folio, et de cinquante-huit estampes. La préface, de cinq feuillets imprimés à longues lignes, en bouts-rimés, annonce le titre et le nom de cette compilation :

> *Prohemium cujusdam incipit novæ compilationis,*
> *Cujus nomen et titulus est speculum humanæ salvationis.*

Le texte du corps de l'ouvrage est imprimé en deux colonnes, d'un seul côté du papier, en bouts-rimés latins, de caractères gothiques. Les cinquante-huit estampes, gravées au simple trait, représentent des sujets de l'ancien et du nouveau Testament : elles sont placées au haut de chaque planche, en forme de vignettes, séparées au milieu par une colonne ou un tronc d'arbre et d'autres ornemens gothiques, chargés de quelques mots pour expliquer les figures. Elles ont toutes été gravées en planches de bois fixes. Mais il n'en est pas de même du texte explicatif qui se trouve au-dessous des vignettes. Des cinquante-huit planches, le texte, dans vingt-sept, est gravé en bois fixe, et dans vingt-sept autres il est en caractères mobiles de fonte.

[1] *Donat* était un grammairien de Rome, du quatrième siècle. Il fut un des maîtres de saint Jérôme. Il a composé un *Traité des huit parties du discours*. Sa grammaire était en usage dans les écoles du moyen âge. Un abrégé qu'on en fit, par demandes et par réponses, fut un des premiers livres qu'on imprima. On conserve à la Bibliothèque Royale deux planches en bois de deux *Donats* différens : elles ont été acquises à la vente de la bibliothèque du duc de La Vallière, au catalogue de laquelle on a joint des épreuves. (1783, n° 2179, tom. II, pag. 8.)

[2] Le chroniqueur anonyme de Cologne nous apprend que, quoique l'Imprimerie, dans le sens surtout que nous l'entendons aujourd'hui, ait été inventée à Mayence, cependant la première idée est due aux *Donats*, qui, avant ce temps-là, furent sculptés en Hollande. C'est d'eux et par eux que cet art a pris naissance. Il ajoute qu'il tient ce fait de la bouche même d'Ulric Zell, de Hanau, imprimeur à Cologne dès l'an 1465.

Méerman, dans ses *Origines typographicæ*, tom. II, tabul. 2, 4, 6, a fait graver des fragmens de trois *Donats*, qu'il dit sortis de Harlem. Il soutient que les deux premiers ont été imprimés en *caractères mobiles de bois*, par Coster lui-même, et le troisième par ses héritiers. Ils sont in-4°, sans date. Il les dit exécutés entre 1430 et 1440.

[3] Cette opinion, avancée par Arnault de Bergelles, est regardée comme vraisemblable par plusieurs autres écrivains.

gluante dont la teinte imiterait celle de l'écriture, et dont il pourrait couvrir ses caractères.

Le premier pas était fait. Mais comment parvenir à imprimer facilement, sur l'étendue d'une feuille de papier, une réunion de lettres qui, par leur ténuité, prenaient difficilement l'empreinte, et dont le nombre infini exigeait, pour se rendre lisible, l'action d'une force parfaitement égale? Un pressoir attira ses regards [1] : le mouvement de la vis, qui répond à un poids immense, frappa tout à coup son imagination; et victorieux, dans la pensée, des obstacles qui l'arrêtaient, il conçut l'idée de la première presse.

Ce que je viens de dire ici de cette invention, relativement à Laurent Coster, quelques auteurs l'appliquent à Guttemberg.

Les essais de Laurent, disent ses partisans, se répandirent avec une si grande rapidité, que bientôt on éleva des presses dans plusieurs villes de la Hollande et de l'Allemagne.

Mais on reconnut l'inconvénient de se servir de lettres mobiles en bois. Ces différens morceaux de hêtre se gonflaient ou se contractaient, comme les planches fixes, selon le degré d'humidité ou de sécheresse de l'atmosphère. Il fallait nécessairement qu'il en résultât différens inconvéniens. La fragilité de ces types en bois obligeait d'ailleurs le graveur d'accoupler ensemble deux, ou un plus grand nombre de minuscules, et de multiplier par conséquent beaucoup le nombre de lettres, ce qui demandait nécessairement, et plus de temps et une plus grande dépense.

Comme l'inégalité d'épaisseur de ces caractères ne permettait pas de les unir assez exactement ensemble, quoique serrés avec force dans un châssis de fer, on songea à percer ces lettres vers leur extrémité supérieure, et à passer par ces trous un lien pour les attacher les unes aux autres, ainsi que cela se pratique pour les chapelets : mais les compositeurs n'en éprouvaient pas moins un pénible travail, par la grande attention qu'ils devaient avoir de bien joindre les lettres que traversait ce lien, et surtout de bien *justifier* leurs lignes en les assujettissant ensuite par un nœud aux deux extrémités. Il leur fallait après cela beaucoup de temps et de soins quand il s'agissait de corriger les épreuves, de *remanier*, de passer de nouveaux liens, et de *serrer* une seconde fois les pages ou la page dans le châssis.

Schœpflin n'a pas oublié d'observer ces difficultés dans sa *Dissertation française*, pag. 769.

Paul Pater assure, dans sa *Dissertatio de typis litterarum*, pag. 10, avoir vu de ces lettres perforées.

---

[1] *Robora prospexit dehinc torcularia Bacchi,*
    Et dixit : Præli forma sit ista novi.
        BERGELL. *in Encom.*

Birckenius, dans *Spicileg. de Ehren. des Ertz-hausses oesterreich*, liv. v, ch. 2, pag. 527; dit que, « de son temps on donnait, comme pour médaille *lustrique*, « de nouveaux ouvrages typographiques, imprimés avec ces lettres perforées, « dans des cérémonies qu'il nomme *postulatum*. »

Daniel Speclin en décrit deux qu'il a vus à Strasbourg.

J'avoue que j'ai besoin de toutes ces autorités pour croire à un tel procédé, qui paraîtra toujours impraticable, même à l'homme le plus instruit dans l'art de la Typographie.

Aux livres avec figures et aux *Donats*, les écrivains partisans de la Hollande font succéder quelques ouvrages latins sortis de l'imprimerie de Harlem après la mort de Laurent Coster, c'est-à-dire après l'an 1440 : tels sont les *Combats d'Alexandre-le-Grand*, l'*Abregé de Vedatus* (Végèce) *sur l'Art militaire*, le *Livre des Hommes illustres*, par saint Jérôme, les *Œuvres de Thomas à Kempis*, éditions faites avec des caractères de bois, sculptés et séparés.

Avant de parler des prétentions de l'Allemagne à l'invention de l'Imprimerie, et des bibliographes qui se sont déclarés pour elle, je dois mettre sous les yeux de mes lecteurs tout ce que l'on a dit en faveur de la Hollande. Je parlerai avec une égale impartialité des Allemands et des Hollandais. Ce sera du résultat des diverses opinions émises par les écrivains de ces deux nations que je formerai la mienne, à laquelle on accordera le degré de confiance dont on la croira digne; attendu que je n'ai pas plus la prétention de résoudre ce grand problème que tous les auteurs qui l'ont traité avant moi, et qu'ainsi que l'a dit un de ces savans, *l'histoire est comme une glace; plus elle vieillit, moins elle est claire.*

Suivant Junius, Scriverius, Boxhornius, Scaliger, et autres écrivains, Laurent Janszoon Coster jeta les fondemens de l'Imprimerie; et c'est encore lui qui fit succéder les caractères mobiles en bois aux planches xilographiques.

Les Hollandais s'appuient sur deux très-anciens témoins : l'un est Corneille, le relieur ou domestique de Laurent, et l'autre est Ulric Zell, d'abord clerc au diocèse de Mayence, puis calligraphe ou copiste de livres, et ensuite le premier imprimeur qu'il y ait eu à Cologne. Ce dernier dit positivement que c'est en Hollande que l'art de l'Imprimerie a pris naissance. Il affirme ce fait à la fin d'un livre intitulé *Augustinus, de Vita christiana, et de Singularitate clericum.* Corneille assure que l'on doit l'invention de cet art à Laurent Janszoon, sacristain de Harlem, d'où lui est venu le nom de Coster (en latin *custos*); et qu'après sa mort, un ouvrier infidèle, dont le prénom était *Jean*, vola les lettres mobiles et les ustensiles de cette imprimerie. Corneille ajoute, d'après Junius, qu'il avait tellement connu le voleur, qu'ils avaient couché long-temps ensemble lorsqu'ils travaillaient l'un et l'autre chez Laurent, à Harlem.

« Quoique Junius, né en 1511, n'eût pas entendu ce récit de la bouche même « de Corneille, mort en 1515, il le tenait, dit Méerman dans son ouvrage

« intitulé *de l'Invention de l'Imprimerie*, de deux hommes probes et dignes
« de foi, le savant Nicolas Gael et le bourguemestre Quiryn Talesius, qui
« avaient tout appris de Corneille lui-même, et l'avaient rapporté, quelques
« années après, à Junius, chacun en particulier, à peu près dans les mêmes
« termes. »

Méerman cite encore beaucoup de témoins qui déposent en faveur de ce fait,
presque généralement contesté par les bibliographes, et dont je ne fais mention
qu'afin de rapporter tout ce qui se rattache à l'origine de l'art d'imprimer.

Selon Junius (*Batavia*, pag. 257), le vol fait à Laurent Coster par son ouvrier
Jean, aurait été commis la nuit de Noël, pendant que tout le monde de la
maison était à l'église; le voleur se serait enfui, avec tous les objets qui constituaient son larcin, d'abord à Amsterdam, ensuite à Cologne, et enfin à Mayence,
sa patrie, où, se croyant en sûreté, il aurait imprimé dans l'espace d'un an, avec
les mêmes caractères et les mêmes ustensiles appartenant à Laurent Coster,
l'*Alexandri Galli Doctrinale*, grammaire qui était alors généralement en usage,
ainsi que le *Petri Hispani Tractatus*.

Méerman répond à ceux qui prétendent mettre en doute le récit de Junius,
en ce qui concerne l'enlèvement d'une imprimerie pendant une nuit où toute
la ville de Harlem était sur pied, et que les portes de la ville étaient fermées,
« que le voleur *Jean* n'avait pas besoin de tous les ustensiles de l'imprimerie
« pour remplir son dessein, parce que, connaissant déjà parfaitement l'art, il
« était en état d'expliquer aux ouvriers de son pays la manière dont ils devaient
« construire une presse, etc.; qu'il ne lui fallait qu'un petit nombre de carac-
« tères et d'ustensiles pour servir de modèles; et qu'il est probable que s'étant
« trouvé pendant quelques heures seul à l'atelier, tandis que Corneille et les
« autres ouvriers étaient à l'église, il eut tout le temps nécessaire pour prendre
« ce qui lui convenait le mieux. Ce vol, ajoute Méerman, pouvait facilement
« demeurer caché jusqu'à ce que *Jean* se trouvât hors du territoire de Hollande;
« et, à Mayence, il n'avait plus rien à craindre, car l'importance de l'art qu'il
« apportait devait le mettre à l'abri des poursuites de la justice; et tout ce que
« pouvait faire contre lui la régence de Harlem se bornait à le bannir à perpé-
« tuité de cette ville, où il ne se souciait sans doute guère de retourner. »

Junius fixe l'époque où *Jean* commit ce larcin au 25 décembre. Il pense que
si cet ouvrier infidèle a entrepris son voyage huit jours avant la fin de l'année,
il n'a pu arriver à Mayence avant le 1er janvier de l'année suivante. Il calcule
ensuite le temps qu'il a fallu à *Jean* pour faire construire ses presses, fabriquer
ses caractères et mettre son atelier en ordre : or, comme ses ouvrages ont paru
en 1442, il s'ensuit qu'il a commencé son établissement en 1441, et que le vol
a été commis en 1440.

Je reviendrai plus tard sur ce *Jean* et sur le larcin dont on l'accuse.

Les écrivains qui se sont déclarés pour l'Allemagne s'accordent à dire qu'à cette même époque (vers l'an 1438) Jacques Mentelin (Mentel [1]) conçut l'invention de l'Imprimerie à Strasbourg, où se trouvait alors Guttemberg, de Mayence [2]; qu'ils réunirent leurs talens pour arriver à d'heureux résultats; qu'ils firent ensemble de nombreux essais; et que, de retour dans sa patrie, vers l'an 1445, Guttemberg travailla pendant quelques années au perfectionnement de cet art avec Jean Gensfleisch [3] l'*Ancien*, sans fortune comme lui; qu'enfin il forma, vers l'an 1449, une association de commerce avec Fust, orfévre de Mayence, homme ingénieux autant qu'habile; Fust, dont la postérité ne prononcera jamais le nom sans reconnaissance.

Ce dernier fait n'est contesté par personne: les écrivains ne diffèrent d'opinion que sur l'origine de l'invention, le nom de l'inventeur et celui du lieu où elle a pris naissance. Arrivée à cette époque, l'Histoire de l'Imprimerie paraît être dégagée de tous les nuages qui l'entouraient.

Jaloux de partager les honneurs attachés au perfectionnement de cet art, Fust se joignit donc à Guttemberg; et aussitôt qu'il eut obtenu la révélation du secret, il s'empressa d'unir aux connaissances et à l'activité de son asssocié son zèle et ses richesses.

Guttemberg et Fust firent ensemble de nouvelles tentatives pour parvenir au but qu'ils s'étaient proposé; et après plusieurs essais, parmi lesquels les bibliographes ont signalé quelques livres élémentaires, tels que l'*Alphabet*, le *Vocabularius*, le *Donatus minor* [4] et la *Grammatica Alexandri Galli*, de cinq

---

[1] Jacques Mentel, docteur en médecine à Paris, mort en 1671, et de la famille de Mentel de Strasbourg, lui attribue l'invention de l'Imprimerie, dans son traité *de vera Typographiæ Origine*, imprimé en 1650. Il prétend que Jean Mentel a donné connaissance de cet art à ceux qui s'en sont regardés comme les inventeurs; mais ce ne sont que des allégations sans preuve. On ne peut se défendre cependant d'ajouter quelque croyance à cette version; car il est bien prouvé que Guttemberg a travaillé à Strasbourg avec Mentel.

[2] Henri (Jean) Gensfleisch, de Sulgeloch, Sorgenloch, nommé Guttemberger, Gudenburch, Gudinberg, Guttemberg, naquit à Mayence vers l'an 1398 ou 1400, selon Kœler, Würdtwein, Oberlin, Fischer. Une révolution opérée dans cette ville vers l'an 1420, par la noblesse et le peuple, et dans laquelle le parti populaire eut l'avantage, obligea les plus anciennes familles patriciennes de quitter leurs foyers. Guttemberg, de la maison de Gensfleisch, se retira à Strasbourg en 1424, où il était encore en 1444. (*Note essentielle.*)

[3] Presque tous les écrivains ont pensé que les noms Gensfleisch et Guttemberg désignaient le même individu. Méerman, dans son *Conspectus Originum typographicarum*, publié en 1761, et dans ses *Origines typographicæ*, qui parurent en 1765, prouve que Jean Gensfleisch et Jean Guttemberg n'étaient pas le même individu. Il ajoute de plus qu'ils étaient frères de père et de mère; ce qui quelquefois faisait donner à Jean Gensfleisch le nom de Guttemberg. On reconnaîtra plus tard l'importance de cette remarque.

[4] Deux planches de ce *Donat* se voient à la Bibliothéque Royale.

à six feuillets, ils parvinrent à substituer aux lettres mobiles en bois des lettres sculptées en métal; et voilà ce que les savans nomment assez généralement la seconde époque de l'origine de l'Imprimerie.

Le taux énorme auquel étaient portés les livres d'étude diminuait insensiblement à l'aspect de ceux que les caractères grossiers de nos deux artistes avaient déjà produits.

Mais le temps et les soins incalculables qu'il fallait pour graver ces lettres, ou sur le cuivre, ou sur le plomb, ou sur l'étain; les frais immenses qu'exigeait une telle méthode; les cabales suscitées contre eux par quelques moines, qui retiraient un très-grand avantage de la vente des livres qu'ils copiaient, avaient porté le découragement dans l'âme de Fust et de Guttemberg : et cependant comment abandonner légèrement le fruit de tant de veilles et de sacrifices? comment oublier ce qui long-temps a caressé l'imagination? Pour des artistes vraiment dignes de ce nom, les difficultés ne sont jamais que l'aiguillon du génie: elles s'évanouissent devant la constance laborieuse; elles disparaissent devant le noble amour de la célébrité. Un diamant brut était entre les mains de Fust et de Guttemberg : devaient-ils négliger de le polir? devaient-ils laisser dans l'enfance le perfectionnement d'un art qui leur offrait des spéculations si brillantes, des travaux qui leur promettaient une récompense si honorable?

Ils redoublèrent d'efforts; de nouveaux essais ranimèrent leur courage; la lumière arriva par degrés : d'autres essais succédèrent, le burin perfectionna l'œil de la lettre, la lime lui donna le degré de force et de hauteur qu'elle devait atteindre; et le génie des arts fit penser qu'on avait pénétré son véritable secret.

La Bible latine, dite de 1450, fut le premier ouvrage marquant qui sortit des presses de cette noble association : c'est du moins ce qu'en général les bibliographes s'accordent à dire; car cette Bible n'indique ni le lieu où elle a été faite, ni le nom de l'imprimeur par qui elle a été donnée [1]. Ce secret, gardé par les éditeurs, s'explique assez quand on réfléchit que ce premier livre connu en imprimerie était composé avec un caractère parfaitement ressemblant à celui de

---

[1] Cette Bible, format in-folio de 640 feuillets, est imprimée à deux colonnes, sur caractère de la force de notre *gros-parangon*. Les dix premières pages portent quarante et quarante-une lignes, et les autres régulièrement quarante-deux dans les pages entières. On en voit à la Bibliothèque Royale un exemplaire imprimé sur vélin. MM. Sallier, Debure, Méerman, Gaignat, Fournier, Van Praet, l'ont décrit, et l'ont bien jugé exécuté entre 1450 et 1455.

La Bibliothèque Mazarine en possède encore un exemplaire sur papier : on en compte trois autres dans les Bibliothèques de Berlin, de Hanovre et de Leipsick. Il est facile de reconnaître cette édition *primaria*, la plus ancienne que nous connaissions jusqu'à ce jour, par la forme de ses caractères, de ses abréviations et de sa ponctuation. La hauteur de la colonne est de dix pouces huit lignes, la largeur d'une seule colonne est de trois pouces trois lignes, et la largeur des deux colonnes, en y comprenant l'espace qui les sépare, est de sept pouces quatre lignes.

l'écriture sortant des mains du meilleur calligraphe de cette époque, et qu'on en vendit à Paris plusieurs exemplaires pour des manuscrits.

Cette supercherie, qui n'avait rien de criminel, donna lieu pourtant, selon quelques écrivains, à un événement digne d'être rapporté.

Ceux qui avaient acheté, pour des sommes considérables, des manuscrits de cette Bible[1], et les copistes qui se faisaient payer fort cher, voyant une si grande conformité entre les exemplaires produits par l'impression et ceux sortis de leurs mains, répandirent le bruit qu'il y avait en cela quelque art magique, et se pourvurent en justice contre Fust, qui fut obligé de se sauver à Mayence; mais, après un plus ample informé, le parlement le déchargea de toutes les demandes et de toutes les plaintes de ceux qui avaient acquis des Bibles de lui.

La Typographie attendait un nouveau maître. L'art était créé, sans doute; mais il ne marchait encore que faiblement, et la nouvelle méthode demandait un autre moyen de perfection.

Un jeune domestique, attaché à Fust, épiait depuis long-temps les travaux cachés auxquels se livrait son maître avec Guttemberg. Né avec un esprit vif, entreprenant; placé, surtout par la pensée, au-dessus de la classe où le sort l'a fait naître, il ressent, au lieu d'une simple curiosité, cette avidité d'étude, cette infatigable attention, qui n'appartiennent qu'aux grands hommes, et qui décèlent le feu caché du talent véritable : *Schoeffer*[2] voit ses maîtres, rebutés par d'inutiles tentatives, désespérer de l'entreprise, et déjà son âme vole au-devant du secret qu'il brûle de pénétrer, parce qu'on le dit impénétrable; il n'a rien

---

[1] Avant l'invention de l'Imprimerie les livres étaient fort chers : c'étaient volontiers des immeubles; on les laissait par testament; on les échangeait contre des fonds de terre. Une *Concordance de la Bible* fut vendue cent écus d'or; *Tite-Live*, cent vingt; *Plutarque*, soixante-dix.

L'empereur Frédéric III crut faire un présent considérable à un ambassadeur du duc de Wurtemberg, en lui donnant une Bible hébraïque.

Douze ans même après cette époque (en 1462), Louis XI, empruntant de la Faculté de médecine de Paris les *OEuvres de Rhasès*, médecin arabe, déposa non-seulement en gage une quantité considérable de vaisselle d'argent, mais il fut encore obligé de nommer un seigneur *pour caution*, dans l'acte par lequel il s'engageait à rendre ce livre à la Faculté dans un temps déterminé.

Il existait pourtant au commencement du quinzième siècle des bibliothèques assez nombreuses. Lors de la mort de Charles VI, en 1422, on employa trois libraires de Paris pour faire l'inventaire de la bibliothèque de ce monarque. Le nombre des volumes était de 853, la plupart écrits sur vélin. Ils furent estimés 2,323 liv. 4 sous de ce temps-là. Cependant le duc de Bedfort en fit l'acquisition pour 1200 liv.; somme qui fut employée à élever un tombeau à ce prince et à la reine son épouse.

Après l'invention de l'Imprimerie, vers l'an 1460, on comptait encore près de dix mille calligraphes, tant à Paris qu'à Orléans seulement. (*Dict. des Gens du monde*, tom. III, pag. 120.)

[2] *Schoeffer* était natif de Gernshein. Quelques écrivains le nomment *Schoiffer*. On trouve aussi employé quelquefois pour le désigner le mot *Opilio*, qui signifie berger, nom qui vraisemblablement était un sobriquet.

encore saisi, qu'il croit d'avance réussir dans ce que son imagination lui dictera. Tel que Newton, dans l'enfance, traça des lignes et des cercles, sans connaître les proportions ni les mathématiques; tel que le bon, l'inimitable La Fontaine se reconnut poëte en lisant par hasard une ode de Malherbe ; à l'exemple du Corrège, qui s'écria qu'il était peintre, à la vue d'un tableau de Raphaël; ou tel encore que le célèbre Vaucanson, qui, attentif aux mouvemens d'une horloge, devina sa construction, son mécanisme, et devint artiste lorsqu'il ne croyait qu'observer, l'œil pénétrant de Shoeffer a vu tout ce que le génie voudrait lui cacher : son impatience supporte difficilement l'idée de languir long-temps dans une vaine espérance; il donne l'essor à son imagination ; il tente, il rejette, il combine, il réussit; et l'Imprimerie est au nombre des arts.

Schoeffer avait taillé des pièces d'acier pur et les avait gravées; avec des poinçons il frappait des matrices d'un métal plus maléable : il avait su placer ces matrices justifiées dans le centre d'un moule, et obtenir des empreintes en relief, au moyen du plomb, de l'étain et du cuivre qu'il avait mis en fusion dans son creuset [1].

Ainsi Schoeffer fut le premier qui fondit dans l'airain les signes de la parole, les lettres que l'on pouvait assembler d'une manière indéfinie.

C'est d'après ce procédé, que l'on appela *types* les caractères destinés à l'impression, et que l'on donna à cet art le nom de *Typographie*.

A cette version, généralement adoptée, on ajoute que Schoeffer inventa aussi

---

[1] Trithème, né en 1462, mort en 1516, l'un des historiens les plus éclairés et les plus véridiques de son siècle, assure, dans sa *Chronique d'Hirschaw* (d'Hirsauge), qu'il a connu Schoeffer, et que c'est de lui qu'il a appris ce qu'il rapporte touchant cette découverte :

Sed cum iisdem formis nihil aliud potuerunt imprimere, eò quod characteres non fuerunt amovibiles de tabulis, sed insculpti, sicut diximus; post hæc inventis successerunt subtiliora, inveneruntque fundendi formas omnium latini alphabeti litterarum, quas ipsi matrices nominabant, ex quibus rursùm æneos sive stanneos characteres fundebant, ad omnem pressuram sufficientes, quas priùs manibus sculpebant..... Petrus (Schoiffer) *autem Opilio, tunc famulus, posteà gener inventoris primi Johannis Fust, homo ingeniosus et prudens, faciliorem modum fundendi characteres excogitavit, et artem, ut nunc est, complevit.*

Arnault de Bergelles dit aussi :

*Sed quia non poterat propria de classe character
Tolli, nec variis usibus aptus erat,
Illis succurrit Petrus, cognomine Schoïffer,
Quo vix celando promptior alter erat.
Ille sagax animi præclara toreumata finxit,
Quæ sanxit Matris nomine posteritas.
Et primus vocum fundebat in ære figuras,
Innumeris cogi quæ potuére modis.*

Vid. Salmuth, pag. 312; Bertius, *Comment. rerum germanicarum*, pag. 613.

l'encre propre à imprimer, et que Fust fut si charmé de cette découverte, qu'il lui donna sa fille Fustine en mariage et l'intéressa dans son entreprise.

L'association entre Guttemberg et Fust ne dura que cinq ans. La rupture eut lieu le 6 novembre 1455, par suite d'un procès que Guttemberg perdit contre Fust, auquel il fut obligé d'abandonner tout son attirail d'imprimerie [1]. Selon quelques écrivains il se retira en Hollande, où la renommée avait porté son nom [2].

Le monument typographique (en caractères mobiles en fonte), avec date, le plus ancien, est un Annuaire ou Calendrier de l'an 1457. La nature d'un almanach laisse supposer que celui de l'an 1457 a déjà pu être imprimé vers la fin de l'année précédente, 1456. Le Psautier de 1457 (qui passe pour le premier monument de l'Imprimerie, et qui fera, dans tous les siècles, l'admiration des connaisseurs) n'a été achevé que vers le milieu de cette année (*in vigilia Assumptionis* [3]).

[1] Ce procès avait pour but de décider auquel des deux associés devaient appartenir les planches en bois (xilographiques) et autres ustensiles d'imprimerie, parmi lesquels il existait, dit-on, des types mobiles en métal, que Guttemberg avait apportés dans l'association. Les juges décidèrent en faveur de Fust, qui réclamait aussi 2,020 florins, par lui avancés à Guttemberg.

[2] Guttemberg passa à Harlem, d'après l'opinion d'Antoine Wood et de Natalis Comes. Mais plusieurs auteurs assurent qu'il revint à Mayence deux ou trois ans après; et d'autres, qu'il ne quitta point cette ville : ils en donnent pour preuve le *Catholicon* de 1460, qu'on lui attribue. J. Ph. de Lignamine, son contemporain, dit, à l'année 1458, que Guttemberg a imprimé à Mayence; et l'on trouve aussi, dans un manuscrit du quinzième siècle, auquel on peut ajouter foi, qu'il a publié dans cette ville, en 1462, un Mémoire justificatif pour Thierri d'Isenbourg, archevêque de Mayence. Un fait incontestable encore, c'est que Guttemberg fut admis au nombre des gentilshommes de l'électeur Adolphe, par lettres-patentes du 17 janvier 1465. Tous ces faits se trouvent consignés dans le troisième volume de l'*Histoire de Mayence*, publiée par G. Chr. Joannis, pag. 424.

[3] On sait que la *Bible* anonyme, dite de 1450, ainsi que les *Bulles* de 1454 et 1455, ne portent que des dates écrites à la main. Fischer (*Notice du premier monument typographique*, in-4°, 1804, pag. 5) pense que ce *Calendrier*, imprimé sur un seul côté d'une feuille entière, est sorti des presses de Guttemberg. Ce précieux monument est déposé à la Bibliothèque Royale, à Paris.

Il parait certain que Guttemberg avait déjà dépensé pour cette Bible 4,000 florins, lorsqu'il n'était encore parvenu à imprimer de ce précieux ouvrage que les trois premiers cahiers; et il est présumable qu'elle n'était pas achevée en 1455, époque où Guttemberg se sépara de Fust, qui lui avait fourni des fonds. La rupture de cette association mit, ainsi que je l'ai déjà dit, Fust en possession de tout l'appareil typographique ; de sorte qu'il parvint, conjointement avec Pierre Schoeffer, à terminer dans un court espace de temps cette grande entreprise. Dès 1456, Henri Cremer, vicaire de la collégiale de Saint-Étienne de Mayence, s'en était procuré un exemplaire sur papier, qu'il enlumina, enrichit de rubriques, et relia ensuite lui-même, ainsi qu'il le dit à la fin de chaque volume de cet exemplaire, conservé à la Bibliothèque du Roi, et sur lequel il a écrit en encre rouge les deux notes dont MM. Debure frères ont donné le *fac simile* dans le catalogue si habilement rédigé de la bibliothèque de M. de Mac-Carthy, en 1818. Beaucoup d'autres livres portent des dates antérieures à 1457; mais toutes ces dates sont depuis long-temps reconnues pour fausses, ou pour être celles de la composition, de la traduction, ou de la transcription de ces ouvrages. Personne ne croit plus qu'on ait réellement imprimé, en 1443, le roman composé par Æneas Sylvius; en 1446, les sermons de Léonard d'Udine; en 1452 et 1453, les actes des conciles de Wurtzbourg, etc., etc.

Bible sans date.

Dicit qui te-
stimonium perhibet istorum. Etiam.
Venio cito amen. Veni domine ihesu. Gratia dñi nri ihesu cristi cũ omni-
bus vobis amẽ. Explicit apocalipsis.

*Page de l'Horarium
de Coster.*

Donat de Schoeffer.

Explicit donatus. Arte nona imprimendi seu caracteri-
zandi per Petrum de geratzheym in urbe Moguntina
cũ suis capitalibus absqʒ calami exaratione effigiatus.

Nota. Au lieu de placer ces lignes à la fin de ce Manuel, sous la désignation de la lettre A, nous les donnons ici, de même que la page de l'Horarium, dont on a parlé à la page 12.

Nous devons aux talens et au zèle infatigable de M. Van Praet, conservateur de la Bibliothéque Royale, la découverte de quatre feuillets d'un *Donat* imprimé sur parchemin, souscrit : *A Mayence, par Pierre Schoeffer de Gernshein*, sans date. Cette découverte doit être regardée comme l'une des plus précieuses de l'Imprimerie naissante.

Ces fragmens, détachés en Allemagne de quelques couvertures de livres, ont été recueillis par un particulier de Trèves, qui les a cédés à la Bibliothéque Royale, en mai 1803.

On pense que ce *Donat* a pu être imprimé par Schoeffer, avant l'Annuaire ou Calendrier de 1457, et avec les mêmes caractères qui ont servi à la Bible sans date. Si l'on ne peut établir de certitude à ce sujet, on est du moins forcé de convenir qu'il existe une grande similitude entre les caractères (*non fondus*) qui ont servi à ces deux ouvrages. Je donne quelques lignes de ces monumens typographiques à la planche A, placée à la fin de ce Manuel : la gravure en a été exécutée fidèlement d'après le calque.

« Les quatre feuillets du *Donat* dont je parle sont du format in-4°, imprimés « à longues lignes : il y en a trente-cinq dans les pages pleines, qui sont au « nombre de sept. Les feuillets sont sans chiffres et sans réclames. Les mots « coupés d'une ligne à une autre sont annoncés par deux traits obliques; le seul « signe de ponctuation est le point carré. La lettre *i* est tantôt marquée par un « point, tantôt par un trait horizontal, tantôt par un courbe ou un demi-cercle. « Le texte n'est pas chargé de beaucoup d'abréviations. Les caractères sont d'un « gothique bien taillé; ils approchent de la force de corps de notre *parangon* « petit œil. On y voit la réunion de quelques lettres en un seul type : celle du *b* « avec l'*a* et l'*e*; du *c* avec le *t*; du *d* avec l'*e* et l'*o*; de l'*h* avec l'*e* et l'*o*; du *p* « avec l'*e* et l'*o*; du *v* avec l'*e*, etc.

« Au *recto* du quatrième et dernier feuillet, on lit à la fin de la page, *volo.....* « *gerundia vel participialia verba sunt hæc volendi volendo volendum supinis caret* « *unum participium habet quod est volens. Explicit Donatus....*

« Au *verso* du même feuillet, on lit au haut de la page la souscription suivante, « imprimée en encre rouge dans la longueur des lignes :

Explicit Donatus. Arte nova imprimendi seu caracteri-
Zandi. Per Petrum de Gernsheym. In urbe Moguntina
Cum suis capitalibus absque calami exaratione effigiatus....

« Fischer a trouvé un feuillet séparé de la même édition de ce *Donat*, portant « trente-cinq lignes à la page, imprimé sur membrane, petit in-folio, en carac- « tères mobiles fondus, dont il a donné cinq lignes d'épreuves. »

C'est, dans l'*Origine de l'Imprimerie*, l'un des ouvrages les plus complets qui aient paru sur cette matière, et que M. Lambinet a publié en 1810, que j'ai puisé le passage précédent. Ce savant écrivain a vu comme moi à la Bibliothéque Royale les monumens typographiques dont je viens de parler; et je ne pouvais mieux transmettre ce fait à mes lecteurs qu'en empruntant les expressions dont il s'est servi. Je reprends le cours de ma narration historique.

L'association typographique de Mayence fut donc réduite le 6 novembre 1455 aux seuls noms de Fust et de Schoeffer, son gendre [1]. Le premier fruit de leurs travaux, le premier livre qui soit connu jusqu'à ce jour par la souscription d'une date précise, des noms des artistes et du lieu, est l'inimitable Psautier de 1457, dont j'ai déjà parlé : c'est le plus grand et le plus beau monument de l'Imprimerie naissante; et l'on est tenté de croire en le voyant que cet art merveilleux n'a point eu d'enfance.

Le Psautier fut exécuté en grosses et en petites lettres semblables à celles des Missels du temps et d'autres livres liturgiques manuscrits. On peut comparer la grosseur de ce caractère à celle de notre *gros-çanon*. Chaque page contient au moins six cent quarante types ou lettres, ce qui en donne pour une feuille plus de deux mille cinq cent soixante. Ces caractères, ou sculptés séparément sur métaux, ou fondus en plomb mêlé de régule d'antimoine, furent mis à part après le tirage, dans les ateliers de Fust et de Schoeffer, et ne servirent que pour les éditions subséquentes, qui eurent lieu en 1459, 1490, 1502 et 1516. Diverses corporations ecclésiastiques contribuèrent aux frais de ces dernières éditions, en faisant disposer les psaumes, les antiennes, les hymnes, selon leur rit particulier, et selon l'usage de leur chœur. La première édition, décorée de deux cent quatre-vingt-huit capitales, délicatement gravées en bois, a dû leur demander au moins deux années de travail; et le savant Heinecke présume que Fust et Schoeffer l'ont commencée avec Guttemberg. La Bibliothéque Royale possède un exemplaire de ce chef-d'œuvre typographique : on le paya 12,000 francs à la vente de la bibliothéque de M. de Mac-Carthy, en 1818.

Parmi les ouvrages les plus marquans qui sortirent des presses de Fust et Schoeffer, M. Van Praet, ce savant bibliographe, qui a l'avantage d'en avoir sous la main les précieux monumens, en cite plusieurs. On distingue particulièrement ceux dont je vais donner les titres, en commençant par le Psautier :

Psalmorum codex. Moguntiæ, Joannes Fust et Petrus Schoeffer, 1457,
gr. in-fol.

Cet ouvrage est imprimé en grosses lettres rouges et noires, et faites sur le modèle des manuscrits liturgiques du quinzième siècle. Il est à longues lignes :

---

[1] Toutes les probabilités se réunissent pour dire que la Bible sans date fut terminée à cette époque, par Fust et Schoeffer seulement.

Eatus vir qui non
abijt in consilio impiorū
et in via peccatorū non
stetit: ꝫ in cathedra pesti-
lentie non sedit. Sed
in lege domini volūtas

la première page en a dix-neuf, et toutes les autres en ont vingt, excepté le *verso* du cent trente-septième feuillet, où l'on en compte vingt et une.

Il est décoré de deux cent quatre-vingt-huit capitales ornées, artistement gravées en bois, et tirées, d'une manière surprenante, par rentrée, à deux couleurs : en rouge lorsque les ornemens sont en bleu, et en bleu lorsque les ornemens sont en rouge [1]. La plus grande des capitales, qui se voit sur la

---

[1] Une chose bien surprenante, c'est de penser qu'il y avait anciennement dans les Gaules des *chrysographes* ou écrivains en lettres d'or. Cet usage était très-commun dans les quatrième et cinquième siècles : il est devenu plus rare dans la suite; il s'est même perdu; car on ne sait plus aujourd'hui attacher l'or au papier : de façon que les lettres semblent être d'or battu, et même d'or bruni. « J'ai vu, dit M. Lambinet, dans son *Origine de l'Imprimerie;* j'ai vu dans l'église Notre-« Dame, à Aix-la-Chapelle, les quatre Évangiles en latin, dont se servait Charlemagne. Ils sont écrits « en lettres d'or sur un parchemin pourpré. On les a trouvés dans son tombeau : il les tenait de la « main gauche, et son épée de la main droite. Ces deux monumens du huitième siècle servaient à « la cérémonie du couronnement des empereurs, à Francfort. » Dans la sacristie de la paroisse de Saint-Lupicien, département du Jura, établie dans le prieuré de Lauconne, en Franche-Comté, on voyait encore en 1776 un manuscrit de onze cents ans d'antiquité : ce sont les quatre Évangiles écrits en lettres d'or et d'argent sur un vélin pourpre. (Voyez *Séance publique de l'Académie de Besançon,* 24 août 1776, pag. 13.)

L'abbaye de Saint-Hubert-en-Ardennes avait aussi un Psautier en lettres d'or, donné par Lothaire. On ne sait ce qu'il est devenu. L'abbaye de Saint-Germain-des-Prés, à Paris, possédait le Psautier de saint Germain, du cinquième siècle, en parchemin violet, écrit en lettres d'or et d'argent. Il s'y trouvait encore, en 1784, une charte originale du roi Childebert, fondateur de cette abbaye, donnée en 559 : c'est la plus ancienne qui existe.

Lorsqu'on examine attentivement les anciens manuscrits, enrichis de miniatures, dont toutes les marges sont ornées de fleurs, de feuillages, de fruits, d'oiseaux, d'insectes, d'animaux peints en or et en couleur, de même que les lettres capitales, il n'est personne qui ne soit frappé de la vivacité des couleurs, du poli de l'or et de la beauté du dessin; il n'est personne aussi qui ne regrette la perte de cet art, dont se servaient encore les scribes des treizième, quatorzième et quinzième siècles, pour décorer leurs manuscrits.

Pigeron prétend avoir trouvé ce secret dans un ouvrage anglais intitulé, *Hand-Maid to the arts,* 2 vol. in-8°. Il dit que les lettres et les ornemens de relief sont formés d'une matière composée de blancs d'œufs, de vermillon, humectée d'une eau de gomme très-forte, sur laquelle on applique une feuille d'or que l'on découpe en lettres ou en ornemens, et que l'on brunit ensuite avec la dent de loup, pour leur donner un beau poli. Cette pâte se liquéfiait au feu, et formait une espèce de peinture à l'*encaustique,* si connue des anciens. Quoi qu'il en soit, il est certain qu'on préparait aussi l'or et l'argent en liquide pour s'en servir comme de l'azur, du carmin et de l'encre, dans les manuscrits, et qu'on les brunissait afin de leur donner plus d'éclat et de consistance. (Voyez *Mémoire sur la peinture à l'encaustique,* par Caylus. Genève, 1755, in-8°.)

Les liqueurs employées pour l'écriture étaient de différentes couleurs : la *noire,* composée d'abord de charbon pilé et de suie, ensuite du noir de la fumée de résine, de la poix des torches et de l'ivoire brûlé, etc., le tout dissous dans l'infusion de noix de galle, puis dans celle de vitriol, de noix de galle et de gomme; la *rouge,* tirée du vermillon, du cinabre, du carmin; la couleur *pourpre,* tirée des buccins, qui donnent une couleur purpurine : elle était employée par les anciens pour teindre et peindre en rouge. Cette liqueur de pourpre servait aux empereurs romains d'encre pour signer ou

première page, a, compris les ornemens, trois pouces cinq lignes de haut sur quatre pouces de large : elle représente un B entouré d'arabesques, de feuillages et de fleurs, ayant dans un de ses jambages un lévrier courant une perdrix au vol. Heinecke l'a fait graver dans deux de ses ouvrages. C'est cette même page que l'on voit ci-contre, et que j'ai fait calquer très-exactement par un des premiers dessinateurs de ce genre. Les couleurs employées pour l'enluminure de la lettre capitale sont exactement les mêmes que celles qui décorent l'original. Le volume est composé de cent soixante-quinze feuillets.

Constitutiones Clementis Papæ V; Unacum apparatu Joannis Andreæ.
Moguntiæ, Joannes Fust et Petrus Schoeffer, 1460, gr. in-fol.

Cette édition est très-bien exécutée, mais elle est sans chiffres, réclames, signatures ni initiales, pour lesquelles néanmoins il a été laissé des espaces vides ; elle est imprimée sur deux colonnes, en anciennes lettres de deux grandeurs : le texte est exécuté avec les plus grandes, et le commentaire qui l'entoure de toutes parts, avec les petites ; les sommaires sont en rouge. Le nombre de ses feuillets s'élève à cent cinquante-un : le premier contient presque en totalité la bulle du pape Jean XXII, adressée à l'Université de Bologne pour autoriser cette collection de Constitutions.

Summa quæ vocatur Catholicon, edita à Joanne de Janua.
Moguntiæ, 1460, gr. in-fol.

Ce volume est composé de trois cent soixante-treize feuillets imprimés sur deux colonnes, dont celles qui sont entières ont soixante-six lignes. Il est destitué de chiffres, de réclames et de signatures ; il manque aussi d'initiales et de sommaires : mais, devant y être ajoutés au pinceau ou à la plume, on a laissé, comme cela se pratiquait pour les manuscrits d'alors, des espaces suffisamment vides pour les y recevoir. Les soixante-quatre premiers feuillets contiennent une grammaire divisée en quatre parties, qui traitent, 1° *de Orthographia;* 2° *de Prosodia;* 3° *de Etymologia et Dyasintastica;* 4° *de Vitiis et de Figuris.*

souscrire leurs édits : on l'appelait *sacrum encautum;* et nul autre que l'empereur ne pouvait user de cette encre sans commettre un crime de lèse-majesté. (Voyez Murex, *Dict. hist. nat.*) Les couleurs *bleue, verte* et *jaune*, l'or et l'argent réduits en poudre, sulfurés et soumis au feu, servirent aussi à orner et enrichir les manuscrits. L'*encre de la Chine*, composée de noir de fumée mêlé de parfums, dont on a fait une pâte solide, qui se délaie avec de l'eau, pour les dessins, les esquisses, les pastels, est aussi ancienne que l'ère chrétienne. (*Voyez* ci-après, Titre ii, *art.* ii.)

Cette édition, qui fait une nouvelle époque dans l'Histoire de l'Imprimerie, exécutée sans nom de typographe, avec des caractères dont Fust et Schoeffer n'ont fait usage dans aucune de leurs éditions connues, est regardée, par une foule de bibliographes, comme une production de Jean de Guttemberg, qui n'aurait pas quitté Mayence, ou qui y serait revenu vers l'an 1458, pour y lever un nouvel atelier. Quelques auteurs pensent, au contraire, que cet ouvrage a été imprimé par Mentelin (*Mentel*), et que c'est l'une des plus anciennes éditions de Strasbourg. Méerman et Mercier de Saint-Léger trouvent cette conjecture hasardée, et je dois dire qu'elle est dénuée de preuves positives.

Après le milieu du quinzième siècle, le *Catholicon* a été souvent réimprimé; mais on n'attache de prix qu'aux seules éditions de Mayence, 1460, et d'Augsbourg, 1469.

J'ai promis une explication sur ce *Jean*, qui aurait volé des caractères et des ustensiles d'imprimerie à Laurent Coster, son maître, à Harlem. Les écrivains qui sont d'avis que ce larcin a été commis s'épuisent en conjectures. Junius pense que le soupçon doit tomber sur Jean Fust ou sur Jean Guttemberg. Mais on sait que Fust était riche, et qu'il ne connut l'art de l'Imprimerie que lors de son association avec Guttemberg, vers l'an 1449. On ne saurait donc supposer qu'il ait travaillé dans l'atelier de Laurent, à Harlem, avant 1440.

Je pense que Junius s'est également trompé, lorsqu'il a accusé de ce larcin Jean Guttemberg; car, suivant Schœpflin et plusieurs autres écrivains, celui-ci a imprimé à Strasbourg, depuis 1440 jusqu'en 1444, avec Jacques Mentel.

Après avoir tout bien considéré, Méerman croit pouvoir assurer que cet ouvrier infidèle était Jean Gensfleisch l'*Ancien*, né à Mayence. Il appuie son opinion sur ce que Kœhler a prouvé, par d'anciennes pièces, que Gensfleisch n'a demeuré à Mayence qu'en 1441, et pas avant.

« Il était pauvre, dit-il, quoique de famille noble, et se vit, comme son « frère (Guttemberg), forcé de quitter sa patrie pour aller chercher fortune « ailleurs. Peut-être même ne s'est-il rendu chez Coster que dans l'intention « d'apprendre l'art de l'Imprimerie, pour aller ensuite l'exercer dans sa ville « natale, ou avec son frère à Strasbourg. »

« L'ouvrier qui s'enfuit avec les caractères volés, ajoute Junius, n'avait pas « l'intention de laisser perdre un art qui avait coûté tant de peines et rapporté « tant de bénéfices à Laurent, ni d'en instruire un autre pour ne rester que « simple compagnon chez ce nouveau maître, comme il l'avait été à Harlem; « mais il s'était certainement proposé de mettre son vol à profit. Tout cela ne « saurait mieux être appliqué qu'à Gensfleisch l'*Ancien*, qui a été le premier « imprimeur à Mayence. »

« Jean Gensfleisch est trop bien distingué de Jean Guttemberg, dit Méerman [1],

---

[1] *De l'Invention de l'Imprimerie*, ouvrage reproduit par Jansen, in-8°, publié par Schoell, 1809.

« pour que les plus anciens aient pu se tromper à leur égard. Chacun a eu son
« épitaphe particulière. Suivant le témoignage de Jean Wimphelling, qui a écrit
« au commencement du seizième siècle, ils ont exercé l'Art typographique
« dans le même temps, Gensfleisch à Mayence, et Guttemberg à Strasbourg; et
« ce dernier s'est ensuite réuni à son frère, dans leur ville natale, pour se per-
« fectionner sous sa conduite. Cette distinction sert à éclaircir une pièce de vers
« qui se lit à la fin des *Institutes de Justinien*, de l'an 1468, où il est fait mention
« de *deux Jean*, tous deux excellens maîtres dans l'art de graver (*per duos*
« *Joannes, exünios sculpendi in arte magistros*). Le même écrivain dit aussi que
« Gensfleisch était déjà d'un certain âge lorsque Guttemberg l'alla joindre à
« Mayence, en 1444, mais que celui-ci était encore jeune et dispos. »

Dans leurs trois *Dissertations*, contenant des *Observations sur l'origine de
l'Imprimerie*, publiées en latin à Altorf, en 1740 (pag. 18 et suiv.), Chrétien
Gottlieb, Schwarz, et Jean-David Kœhler (*Ehren-Rettung Joh. Guttembergs.*
Leips., 1741), confondent Guttemberg l'*Ancien* avec Gensfleisch, trompés, sans
doute, parce qu'ils voyaient que ces noms de famille leur étaient communs, ou
qu'on les leur donnait quelquefois indistinctement à l'un et à l'autre.

« Les deux Gensfleisch, dit Junius, étaient d'une famille noble (ainsi que j'ai
« eu déjà occasion de le dire) de Mayence, dont plusieurs ont pris le nom de
« Guttemberg, en y ajoutant celui de Gensfleisch. Cependant Jean Gensfleisch
« l'*Ancien* n'a jamais paru sous le nom de Guttemberg; mais Gensfleisch le *Jeune*
« l'a ajouté, comme il est connu, à son nom de famille, ou l'a employé seul,
« pour se distinguer de son frère. »

Un écrivain anonyme anglais (Lambeth), dont Atkins nous a conservé un
extrait, dit que « Mayence doit l'origine de l'Imprimerie au frère d'un certain
« ouvrier de Harlem, duquel il avait appris cet art, et qu'il avait ensuite formé
« un atelier à Mayence. »

Je dois déclarer ici qu'aucun écrivain ne dit que Gensfleisch le *Jeune*, autrement dit Guttemberg, ait travaillé chez Laurent Coster, à Harlem : mais il n'en
est pas de même de son frère aîné; et, selon certains auteurs, ce serait lui qui
aurait communiqué son secret à son cadet, qui l'aurait mis à profit pour exercer
l'art d'imprimer, d'abord à Strasbourg, et ensuite à Mayence, où Gensfleisch
l'*Ancien* l'aurait devancé.

Une autre preuve nous est fournie par deux chroniqueurs de Strasbourg qui
vivaient au seizième siècle, Daniel Specklin et un écrivain anonyme. Ils disent
positivement que Jean Gensfleisch l'aîné, qu'ils distinguent de Guttemberg, a
été le compagnon du premier inventeur de l'Imprimerie (Laurent Coster), et
qu'il a porté à Mayence, sa ville natale, cet art, dont il avait dérobé le secret
à son maître.

D'après ces assertions, et sans rien décider sur le larcin fait à Laurent Coster, il paraîtrait évident que Gensfleisch et Guttemberg ne peuvent être identifiés, et que ce sont deux personnes absolument différentes.

Les écrivains qui veulent absolument que le larcin ait été commis, disent que les objets qui le constituaient furent mis en usage par Gensfleisch; ils pensent qu'Ulric Zell confirme ce fait, quand il dit que les types du *Donat* hollandais avaient engagé les Mayençais à faire les premiers essais de Typographie. Par là il n'entend point la *Bible* (le premier livre imprimé avec des types de métal) qui parut en 1450; car cette entreprise exigeait de trop grandes dépenses pour que notre pauvre gentilhomme pût l'entreprendre. Il est donc question ici de deux petits ouvrages que Junius a nommés d'une manière péremptoire; savoir : l'*Alexandri Galli Doctrinale* et le *Petri Hispani Tractatus*, qui étaient, ainsi que j'ai eu déjà occasion de le dire, des livres d'école, pour lesquels il ne fallait que de modiques avances; mais qui valurent à Gensfleisch de grands bénéfices.

Quoique cette histoire de Laurent Coster et de son ouvrier infidèle soit regardée comme une fable par plusieurs écrivains, j'ai cru néanmoins que je devais la rapporter entièrement aux personnes qui liront ce Manuel typographique, sinon comme une certitude, au moins comme un fait accrédité par quelques bibliographes qui ont écrit sur l'origine de l'Imprimerie.

On conviendra cependant que si Laurent Coster et ses héritiers avaient eu l'attention de mettre leur nom et le millésime de l'année aux livres qu'ils ont imprimés, soit sur planches fixes, soit sur caractères mobiles en bois, on n'aurait jamais songé à disputer l'invention de cet art à la Hollande. Mais ils ont négligé, ainsi que d'autres imprimeurs, de remplir cette formalité, afin de pouvoir mieux vendre leurs livres imprimés pour des manuscrits.

Dans cet état de choses, je dois dire que les Hollandais, en signalant généralement l'origine de l'Imprimerie dans la ville de Harlem, abandonnent le perfectionnement de cet art à la ville de Mayence; et que, d'un autre côté, les écrivains de Mayence ont tellement fait valoir les avantages de leur ville, qu'il n'est plus rien resté pour Harlem.

Les auteurs qui attribuent l'invention de l'Imprimerie à la ville de Harlem sont, outre le témoignage de l'ouvrier Corneille, Ulric Zell [1], Daniel Specklin [2], Adrien Junius [3], Scriverius [4], Boxhornius [5], Elies, Budgersius, Bagford, Marie-

---

[1] *Chronique de Cologne*, 1499.

[2] *Chronique de Strasbourg*, 1580.

[3] *Batavia*. Lugd. Batav., 1588.

[4]-[5] Scriverius, né à Harlem, a plaidé naturellement la cause de sa patrie dans *Laurecrans voor Coster*, Harlem, 1628; de même que Boxhornius dans sa *Dissertatio de Typographicæ Artis Inventione*. Lugd. Batav., 1640.

Ange Accurse [1], Seiz, Scaliger, Volcker Koornhert, Guicciardini [2], Visser, Lambeth [3], Wagenaar, Henri Schor [4], Méerman [5].

Ceux qui tiennent pour Mayence sont : Serarius, Kœhler [6], Mallinkrot [7], Trithème [8], Schelhorn, Matthieu Judex [9], Conrad Celtes, Schœpflin [10], Philippe de Lignamine [11], André Rivin [12], Henri Salmuth, Casimir Oudin [13], Heinecke, Breitkopf, Panzer, [14] Samuel Palmer, Atkins, Schwarz [15], Fischer [16], Joannis [17], Fournier [18], Daunou [19], Lambinet [20], Porthmann [21].

Les auteurs qui accordent le mérite de l'invention à Mentel, de Strasbourg,

[1] Marie-Ange Accurse, dont Roccha nous a conservé la relation dans son *Appendix ad Bibliothec. Vatican.*, 1591, dit que le *Donat*, imprimé d'abord en Hollande, sur planches de bois, fut ensuite imprimé, en 1450, avec les *Confessionalia*, en caractères métalliques imaginés par Fust et perfectionnés par Schoeffer.

[2] *Description des Pays-Bas*, article de Harlem. « C'est, dit Guicciardini, dans cette ville, dans « toute la Hollande, une tradition constante, appuyée d'ailleurs du suffrage de quelques écrivains, « confirmée par des monumens, que l'Imprimerie fut inventée à Harlem, et fut de là transférée à « Mayence, par un ouvrier de l'inventeur. » Ce témoignage est cité par Scriverius.

[3] Extrait d'un manuscrit sur l'*Introduction de l'Imprimerie de Harlem à Oxford*, publié par Richard Atkins, en 1664, en anglais et en latin.

[4] *Relation de l'Invention de la Typographie à Harlem*, dans la *Décade des Fables de Jean Walchius*. Schor a imprimé des livres à Strasbourg, depuis 1574 jusqu'à 1588.

[5] Les écrivains les plus opposés à ce système, tels que le baron Heinecke, Schœpflin, Breitkopf, Lambinet, n'ont pu refuser la justice de dire de Méerman, « qu'il a compulsé tous les auteurs « allemands, espagnols, italiens, français, anglais, suisses, hollandais, qui ont traité de la Typogra- « phie, au nombre de quatre-vingt-seize, et qu'il a le mérite d'avoir été en relation avec les savans « de tous les pays, qui lui ont communiqué leurs observations. »

[6] *Ehren-Rettung Joh. Guttembergs.* Leips., 1741.

[7] Mallinkrot a publié à Cologne, en 1639, *de Ortu et Progressu Artis Typographicæ.* Il soutient la cause de Mayence, et nomme Guttemberg, Fust et Schoeffer comme les trois inventeurs.

[8] *Annales d'Hirsauge*, 1514.

[9] *De Typographiæ Inventione.* Copenhague, 1566.

[10] *Vindiciæ Typographicæ.* Argentorati, 1760, in-4°.

[11] *Annales*, 1458.

[12] *Hecatomba laudum... ob inventam in Germania... Chalcographiam.* Lips., 1640.

[13] *Commentarius de Scriptoribus ecclesiasticis*, etc. Lips., 1722.

[14] *Annales Typographici*, etc. Nuremberg, 1793 et 1794, 2 vol. in-4°.

[15] *Observations sur l'Origine de l'Imprimerie*, 1740.

[16] *Essai sur les Monumens typographiques de Guttemberg*, an x (1802), in-4°.

[17] *Hist. de Mayence.*

[18] *Dissertation sur l'Origine de l'Imprimerie.* Paris, Barbou, 1759, in-8°.

[19] *Analyse des Opinions diverses sur l'Origine de l'Imprimerie*, 1802, in-8°.

[20] *Recherches sur l'Imprimerie.* Bruxelles, an vii. — *Origine de l'Imprimerie.* Paris, Nicolle, 1810.

[21] *Éloge historique de l'Imprimerie.* Paris, 1808.

sont, Gabriel Naudé [1], Adam Schrag [2], Guillaume Tentzel [3], Prosper Marchand [4], Jean Wimphelling [5], Mercier de Saint-Léger [6].

Parmi ceux qui pensent que ces deux dernières villes, Strasbourg et Mayence, ont pu donner naissance à l'Imprimerie, mais en l'entendant néanmoins en différens sens, on compte La Caille, Chevillier et Fournier, en France; de Maittaire, Besold, chez les Allemands; Palmer et Middleton, chez les Anglais; et Orlandi, en Italie.

Mais le seul auteur du seizième siècle qui mérite d'être consulté, c'est Arnault de Bergelles, correcteur d'épreuves, plus instruit et plus précis que ses prédécesseurs. Il a publié à Mayence, en 1541, un poëme latin sur la Chalcographie: il en fixe l'origine à l'année 1450; signale Guttemberg à Strasbourg, faisant ses premiers essais, et perfectionnant l'art à Mayence, aidé de Fust, et de Schoeffer, qui, le premier, y fabriqua des matrices dans lesquelles il fondit des lettres.

La Chronique connue sous le nom de Philippe de Lignamine (quoiqu'il ne soit pas certain qu'il en fût l'auteur), imprimée à Rome en 1474; celle d'Eusèbe, continuée par Palmieri, de Florence, en 1449, et par Palmieri, de Pise, en 1481; celle de Werner Rolewinck, publiée par Jacques, de Bergame, en 1483; celle de Bossius, imprimée à Milan, par Zarot, en 1497; l'Histoire universelle de Sabellicus, à Venise, en 1498; l'ouvrage de Fulgose, *de Dictis et Factis memorabilibus*, composé d'abord en italien, avant 1494, puis traduit en latin et imprimé à Milan en 1508; celui de Polydore Vergile, *de Rerum Inventoribus*, éditions de 1499 et de 1517, ne donnent que des conjectures différentes, et rien de positif sur le nom des inventeurs de l'Imprimerie et le nom des villes où ont eu lieu les premiers essais. La distance des lieux où se sont passés les premiers événemens

---

[1] *Addition à l'Histoire de Louis XI.* Paris, 1630. Il dit que l'Imprimerie a été inventée dans cette ville, par Guttemberg, qui l'a perfectionnée à Mayence.

[2] Dans son ouvrage intitulé *Historia Typographiæ, Argentorati inventæ*, 1640, Schrag prétend que Mentel est l'inventeur de l'Imprimerie. Ses prétentions sont appuyées sur les témoignages de ses prédécesseurs, Spiegel, vers 1520; Jérôme Gebwiler, dans le même temps; Jean Schott, petit-fils de Mentel; deux Chroniques manuscrites, dont Schilter cite des extraits. Mais il est facile de s'apercevoir que ces relations sont les fruits du préjugé national. (LAMBINET, *Origine de l'Imprimerie.*)

[3] Dans une dissertation écrite en allemand, sur l'invention de la Typographie dans la Germanie, traduite en latin dans Wolfius, Tentzel dit que Guttemberg créa à Strasbourg, sa patrie, en 1440, l'art qu'il perfectionna à Mayence vers 1450.

[4] *Histoire de l'Origine et des Progrès de l'Imprimerie,* 1740.

[5] *Germania ad rem publicam.* Strasbourg, 1501. Dans cet ouvrage, Wimphelling reconnaît Jean Guttemberg, qu'il dit être né à Strasbourg, pour l'inventeur de la Typographie dans cette ville, et Mayence pour le lieu de sa perfection. Il lui donne Mentel pour compagnon de ses travaux.

[6] *Supplément à Prosper Marchand.*

Il n'est point question de Mentel dans ce qu'ont écrit, sur l'origine de cet art, Sébastien Munster, Arnault de Bergelles et Marie-Ange Accurse, écrivains du seizième siècle.

était pour ces chroniqueurs un des grands obstacles à la véritable connaissance
des faits. Il semble cependant qu'ils auraient dû être mieux instruits par Nicolas
Jenson, graveur français, qui, vers l'an 1465, au commencement du pontificat
de Paul II, après avoir connu l'Imprimerie à Mayence, préparait à Venise les
poinçons du caractère *romain* [1] ; et par Sweynheim, Pannartz et Ulric Han, de
Mayence, qui imprimaient en Italie à la même époque. Ces trois derniers établirent leurs presses dans le monastère de Sublac, dans la campagne de Rome,
où des religieux allemands leur avaient donné l'hospitalité. Ils y imprimèrent
le *Donat* sans date, et les OEuvres de Lactance, avec souscription et date du
3o octobre 1465. Ils publièrent encore, en 1467, le livre de *la Cité de Dieu*,
de saint Augustin.

Au surplus, tandis que la ville de Mayence montrait avec vénération les
monumens typographiques de Guttemberg; pendant qu'Adam Gelth érigeait à
la mémoire de cet artiste célèbre, mort le 24 février 1468 [2], un monument en
marbre dans l'église des Récollets, on admirait depuis long-temps la statue de
Laurent Coster à Harlem, ainsi que cette inscription que la régence fit placer,
en 1440, sur la maison qu'il avait habitée :

MEMORIÆ SACRUM.

TYPOGRAPHIA,

ARS ARTIUM OMNIUM

CONSERVATRIX,

HIC PRIMUM INVENTA

CIRCA AN. CIƆ. CCCC. XL.

Vana quid archetypos et prœla Moguntia jactas ?
Harlemi archetypos prœlaque nata scias.
Extulit hìc, monstrante Deo, LAURENTIUS *artem :*
Dissimulare virum hunc, dissimulare Deum est.

Voici l'inscription placée sur le monument érigé à la mémoire de Guttemberg,
et qu'on lisait encore en 1499 :

Joanni Genszfleisch artis impressorie repertori,
De omni natione et lingua optimè merito,
In nominis sui memoriam immortalem Adam Geltus posuit.
Ossa ejus in ecclesia D. Francisi Moguntina feliciter cubant.

Trente-neuf ans après la mort de Guttemberg, Ivo Wittich, professeur aux
Décrétales, à Mayence, y éleva un autre monument lapidaire dans la maison de

---

[1] Voyez ci-après, au TITRE II, *Origine et progrès des caractères d'impression.*

[2] A. cette époque, Gensfleisch, dit Guttemberg, travaillait encore; car Prosper Marchand nous
dit (*Histoire de l'Imprimerie*) que Conrad Humery reconnaît, par une lettre du 25 février 1468,
avoir reçu d'Adolphe, archevêque de Mayence, les presses et ustensiles de Guttemberg.

Bonmont, d'où Guttemberg tirait son nom, et qui, depuis, servait aux écoles de droit. L'inscription était conçue en ces termes :

JC. GUTENBURGENSI MOGUNTINO
QUI PRIMUS OMNIUM LITTERAS ÆRE
IMPRIMENDAS INVENIT, HAC ARTE
DE ORBE TOTO BENE MERENTI
IVO WITIGISIS HOC SAXUM PRO MONUMENTO
POSUIT MDVII.

On a dû remarquer que dans la première de ces deux épitaphes, composées à Mayence, il est question de Gensfleisch, et dans la seconde, de Guttemberg. Ne serait-ce pas là les deux épitaphes dont parle Méerman, pour prouver qu'il a réellement existé deux frères du nom de Gensfleisch, dont le plus jeune avait ajouté à ce nom celui de Guttemberg? Je soumets cette question à mes lecteurs, en leur faisant observer que je n'ai trouvé qu'une seule date de mort (24 février 1468), et que cette date, les écrivains l'appliquent diversement à Gensfleisch et à Guttemberg. Ceux qui tiennent pour l'existence des deux frères s'accordent à dire que Guttemberg était beaucoup plus jeune que Gensfleisch; et si l'on pouvait croire qu'au lieu de substituer une nouvelle épitaphe à celle qu'Adam Gelth a érigée sur le monument de Gensfleisch l'aîné, Ivo Wittich en a érigé une à la mémoire de Guttemberg, trente-neuf ans après la mort de son frère, cela éclaircirait les doutes sur lesquels les bibliographes ne cessent d'exercer leur pénétration depuis plus de trois siècles.

On sait que les Hollandais et les Allemands ne sont pas les seuls peuples qui veulent avoir vu naître chez eux l'art de l'Imprimerie ; et de même qu'autrefois sept villes de la Grèce se disputaient la gloire d'avoir donné le jour à Homère, de même plusieurs pays réclament l'honneur attaché à l'immortelle découverte de cet art merveilleux.

Après avoir parcouru tant d'opinions diverses, on est étonné, affligé même de l'incertitude qu'elles répandent sur des faits peu reculés, et dont l'importance est de découvrir l'origine d'un art si vaste et si puissant.

Cependant les Abrégés, les Dictionnaires, vont répétant que Guttemberg inventa l'Imprimerie à Mayence en 1440 : aucun n'avertit que chaque mot de cette ligne n'est après tout qu'une conjecture. Ils se transmettent comme une formule cet assemblage de circonstances si opposées. Combien de semblables lignes dans l'histoire ! Combien de ces résultats courts et commodes, dont l'autorité s'ébranle lorsqu'on les discute !

Pour moi, qui ai passé trente années dans l'étude et dans l'exercice de la Typographie, je crois pouvoir affirmer qu'il y a injustice de la part des écrivains qui refusent tout à la ville de Harlem, pour tout accorder à la ville de

Mayence : car, si l'on compare les éditions de la *Bible* et du *Psautier,* imprimés à Mayence, avec les premières du *Speculum* et du *Donat,* imprimés à Harlem, douze ou quinze ans auparavant, il paraîtra évident que la nouvelle invention d'imprimer avec des caractères métalliques surpasse tellement la première, qu'elles ne peuvent soutenir aucune comparaison ; et, sur ce point, je prierai le lecteur de ne pas oublier qu'on n'appelait, aux quinzième et seizième siècles, *Art typographique,* que celui auquel on employait des caractères métalliques. C'est dans ce sens, et non dans un autre, qu'on en doit attribuer l'origine à Mayence. C'est là ce que fait Ulric Zell ; car, lorsqu'il dit que l'art a été inventé à Mayence, il s'explique tout de suite différemment, en disant qu'on en puisa les premières idées dans le *Donat* de Hollande, comme une preuve que ce n'est que l'art d'imprimer avec des caractères de métal qu'il donne à Mayence, art beaucoup plus parfait que celui qu'on avait pratiqué en Hollande.

Je ferai remarquer, en outre,

1° Qu'aucun ancien écrivain n'a attribué à Mayence, ni l'invention des planches fixes, ni celle des caractères mobiles de bois, et que Pierre Schoeffer lui-même ne dit pas un mot de ces sortes de caractères, dans le récit qu'il fait à l'abbé Trithème de l'origine et du progrès de l'Imprimerie dans cette ville ;

2° Que les plus anciens écrivains, dont quelques-uns même étaient des contemporains, assurent qu'on n'a inventé à Mayence d'autres caractères que ceux de métal. J. Nauclerns, né en Allemagne vers 1430, J. Wimphelling, qui vit le jour en 1450, et d'autres, tant Allemands qu'Italiens, confirment ce fait. Et Jean Schoeffer, quoiqu'il prône d'ailleurs trop son père et son aïeul maternel, n'a attribué à Mayence que la seule invention des caractères de métal : ce qui donne à la ville de Harlem le mérite de l'invention de l'Imprimerie avec planches tabellaires ou xilographiques, et caractères mobiles en bois.

Malgré tout ce qu'on vient de lire, il est probable que l'on discutera encore long-temps, et peut-être à jamais, les questions suivantes :

Quel a été l'inventeur de l'Imprimerie ?

Où et quand cet art a-t-il pris naissance ?

Quel a été son premier produit ?

Mais il demeurera néanmoins toujours constant, même d'après les écrivains allemands, que Mentel et Guttemberg perfectionnaient ensemble à Strasbourg, en 1440, le procédé inventé par Laurent Coster, de Harlem, en 1437 ; qu'en supposant l'existence du larcin fait à Coster par Gensfleisch, on n'aurait imprimé à Mayence que vers l'an 1441 ou 1442 ; et qu'en n'admettant pas cet acte d'infidélité, on n'aurait imprimé dans cette ville qu'en 1445, époque où Guttemberg quitta Mentel et Strasbourg.

Les Strasbourgeois et les Mayençais doivent donc céder l'invention à la Hollande, pour ne s'honorer que du perfectionnement ; et je pense que leur lot sera encore assez beau : car, que d'essais n'ont-ils pas faits, que de soins ne se sont-ils pas donnés, avant de parvenir, de la première page, sculptée lettre à lettre en relief, jusqu'à une *forme* composée de lettres mobiles en métal fondu, identiques et *justifiées!* et quel triomphe, après tant de recherches, de matières tourmentées souvent sans fruit, d'avoir enfin trouvé le moyen de multiplier à l'infini de nouvelles pages, avec les mêmes caractères *remaniés*, et sans cesse rétablis sous des formats différens!

Ainsi l'on pourrait conclure, d'après la comparaison des divers témoignages,

Que les impressions exécutées en Hollande dans le cours des quarante premières années du quinzième siècle, étaient d'abord purement xilographiques, puis en caractères mobiles en bois;

Que Guttemberg fit à Strasbourg un séjour assez long, durant lequel il essaya, conjointement avec Mentel, d'imprimer sur des caractères mobiles gravés en métal;

Que, de retour à Mayence, sa patrie, Guttemberg continua ses mêmes travaux, soit avec Gensfleisch, soit avec tout autre; qu'en 1449, il forma une société avec Fust, sans qu'il soit prouvé que les caractères de fonte aient été employés par eux jusqu'en 1455, époque de la rupture de leur association;

Que Schoeffer, enfin, l'un de leurs ouvriers, et depuis gendre de Fust, inventa l'art de fondre les caractères.

Il résulte de cette opinion, la plus généralement accréditée, que l'Imprimerie a été inventée à Harlem, qu'elle a été dégrossie à Strasbourg, et perfectionnée à Mayence.

Quoi qu'il en soit, et ainsi que l'a dit, dans son langage sublime, l'auteur du poëme sur l'*Imagination*, en parlant de cet art merveilleux :

> Avant lui d'un seul lieu, d'un seul âge entendus,
> Pour le monde et le temps les arts étaient perdus :
> Cet art conservateur en prévint la ruine.
> Quand le bienfait est pur, qu'importe l'origine ?
> Des vils débris du lin que le temps a détruit,
> Empâtés avec art, et foulés à grand bruit,
> Vont sortir ces feuillets où le métal imprime
> Ce que l'esprit humain conçut de plus sublime :
> Un amas de lambeaux et de sales chiffons
> Éternise l'esprit des Plines, des Buffons ;
> Par eux le goût circule, et, plus prompte qu'Éole,
> L'instruction voyage et le sentiment vole.
> Trop heureux si l'abus n'en corrompt pas le fruit !

Mais, afin de compléter l'histoire de l'Imprimerie, depuis son origine jusqu'à nos jours, reportons-nous maintenant à Mayence, où nous avons laissé Fust et

Schoeffer, après la rupture de leur association avec Guttemberg, que quelques écrivains supposent être parti pour la Hollande, et que d'autres laissent à Mayence.

Au moment où Fust et Schoeffer recueillaient le fruit de leurs savantes combinaisons, de nouveaux événemens se préparèrent : l'Europe vit ces deux artistes immortels chercher leur asile auprès de la victoire, et ne trouver de sauve-garde que dans une déplorable obscurité.

La guerre, ce fléau des arts et de l'humanité, exerça tout à coup ses ravages jusqu'au berceau de la Typographie naissante. En 1462, Adolphe de Nassau porta ses armes victorieuses sous les murs de Mayence, en forma le siége, l'emporta d'assaut, et livra la ville aux horreurs du pillage.

L'atelier même de Fust et de Schoeffer ne garantit pas Mayence de la colère du vainqueur : Adolphe, bravant les jugemens de la postérité, ne fut pas assez jaloux de sa gloire pour épargner la ville en faveur des deux génies qui venaient de l'illustrer; et, loin d'imiter Démétrius, qui sauva Rhodes du pillage, par égard pour le célèbre Protogène; loin d'imiter Alexandre, qui, dans la destruction de Thèbes, conserva la maison et la famille de Pindare, Adolphe, conquérant, crut exercer un droit acquis, en saccageant la ville dont la fortune l'avait rendu maître.

Dès ce moment, effrayés par les troubles, Fust et Schoeffer se séparèrent [1] : leurs ouvriers, possesseurs comme eux du secret de l'Imprimerie, se répandirent dans toute l'Europe; et voilà sans doute l'époque où plusieurs villes qui les reçurent se disputèrent l'avantage d'avoir donné naissance à cet art.

L'Imprimerie fut établie en France sous Louis XI. Guillaume Fischer et Jean de La Pierre, docteurs en théologie, firent venir de Mayence à Paris, vers l'an 1470, Ulric Géring, Martin Krantz et Michel Friburget, qui avaient travaillé chez Fust. On leur donna un logement dans le collége de la Sorbonne; et c'est là qu'ils formèrent leur premier établissement.

A cette même époque où la Typographie fut introduite en France, l'Europe avait, comme je l'ai déjà dit, reçu dans différentes villes les imprimeurs qui venaient y apporter leur science : Westphalie s'était établi à Louvain; Ulric Zell, à Cologne; Blaauw, à Amsterdam; Martens, à Alost; Mathias Moravus, à Naples; Jean, de Spire, et Jean, de Cologne, à Venise; Bernard Cerminus et son fils Dominique, à Florence; Sweynheim, Pannartz et Ulric Han, à Rome, Corselis, à Londres, où il transporta, dit-on, des ustensiles qu'il avait dérobés, comme Gensfleisch, à l'imprimerie de Harlem. (*Voyez* ci-après, TITRE II, art. II.)

---

[1] Aucun auteur ne fait mention du parti que prirent ces deux artistes. On sait seulement que Schoeffer imprima depuis plusieurs ouvrages à Mayence, où il mourut en 1491. Quant à Fust, on pense qu'étant venu se réfugier à Paris, il y mourut de la peste qui dévora cette capitale en 1466.

Jenson avait déjà préparé les poinçons du caractère *romain* à Venise, et publié divers ouvrages avec ces mêmes caractères; déjà l'illustre Alde Manuce[1], fixé en Italie, de tout temps la patrie des Muses, avait inventé les caractères *italiques*, et rivalisé, comme Jenson, avec les plus habiles typographes de la Hollande, de l'Allemagne et de la France, qui, vers la fin du quinzième siècle, comptait déjà une foule d'imprimeurs fameux. (*Voyez* TITRE II, art. II.)

En 1479, Jason de Mayno faisait fleurir la Typographie à Toulouse; en 1497, de Vingle avait déjà publié à Lyon les *Épîtres d'Æneas-Sylvius Piccolomini*, de Sienne, connu sous ce nom dans la littérature, et au saint-siége sous celui de Pie II.

La *Pratique en Médecine*, de Bernard de Gordino, médecin de Montpellier, avait également été imprimée à Lyon en 1495.

Au commencement du seizième siècle, la plupart des bons livres étaient déjà imprimés; les caractères grecs et hébraïques avaient été gravés, et Paris voyait s'établir une fonderie sous la direction de Tissard.

Ce fut au milieu de ce même siècle que se distingua Plantin, à Anvers, à qui le roi d'Espagne, Philippe II, décerna le titre d'*archi-imprimeur*[2]. Bientôt après, Louis, le premier imprimeur de la famille des Elzévirs, s'établit en Hollande[3].

---

[1] Il était de Bassano, ce qui le fit surnommer *Bassanus*, et fut chef de la famille des Manuce, imprimeurs à Venise, illustres par leur savoir. Il était extrêmement laborieux. C'est lui qui, le premier, imprima le grec correctement et sans beaucoup d'abréviations. Il mourut à Venise dans un âge très-avancé, en 1516. On a de lui une *Grammaire grecque*, in-4°, des *Notes sur Horace et sur Homère*, et d'autres ouvrages qui ont rendu son nom immortel.

Paul Manuce, fils du précédent, naquit à Venise en 1512, et soutint avec honneur la réputation de son père. Pie IV le mit à la tête de l'Imprimerie Apostolique, et le chargea pendant quelque temps de la Bibliothéque du Vatican. Il mourut en 1574, à l'âge de soixante-deux ans. On a de lui une édition estimée des *OEuvres de Cicéron*, avec des notes et des commentaires; des *Épîtres* en latin et en italien, 1566, in-12; les traités *de Legibus Romanis*, in-fol. et in-8°; *de Dierum apud Romanos veteres ratione; de Senatu Romano; de Comitiis Romanorum*, etc.

Alde Manuce, *le Jeune*, fils de Paul, et petit-fils de Bassanus, passait pour un des plus beaux génies et des plus savans typographes de son temps. Il était, dit-on, possesseur d'une bibliothéque composée de 80,000 volumes, que son père et son aïeul avaient recueillis avec un soin extrême. Clément VIII lui conserva la direction de l'Imprimerie Apostolique du Vatican, pour laquelle Sixte V fit construire un édifice magnifique. Alde Manuce mourut à Rome en 1597. On a de lui des *Commentaires sur Cicéron*, 2 vol. in-fol.; un *Traité d'orthographe; trois livres d'Épîtres*, 2 vol. in-8°; *Vie de Cosme de Médicis*, de Castruccio Castracani, en italien, 1586, in-fol.; 1590, in-4°; et d'autres ouvrages en latin et en italien, fort estimés.

[2] Il était né à Mont-Louis, près de Tours, en 1514. Il porta l'art de l'Imprimerie à un très-haut degré de perfection, et se retira à Anvers en 1551, où il imprima, en 1569, la *Polyglotte*, 8 vol. in-fol. : ouvrage regardé comme un chef-d'œuvre. Plantin mourut dans cette ville en 1589.

[3] Ils étaient cinq frères, et tous imprimeurs : Louis, qui imprima dès 1595; puis ensemble ou successivement, soit à Amsterdam, soit à Leyde, Bonaventure, Abraham, Louis et Daniel. Ce dernier

A cette époque, Paris voyait dans son sein les Rembolt, les Badius [1], les Vascosan [2], les Chevalon, les Colines, les Étienne [3]. On sait que l'aîné de cette famille, Robert, obtint de son souverain ces distinctions flatteuses dues au vrai mérite, et qui reçoivent un nouveau prix de la main qui les dispense.

La postérité se rappellera toujours ce trait de François Ier [4]. Ce monarque, aussi zélé protecteur des sciences qu'il était grand et redoutable sur le champ de bataille, faisait à Étienne de fréquentes visites, et se plaisait à le voir travailler dans son atelier. Un jour il entra pendant qu'il s'occupait à lire une épreuve; Étienne se levait pour aller au devant de son prince : *Restez, restez,*

mourut à Amsterdam en 1680. Parmi leurs éditions, qui sont à un très-haut prix, et que l'on recherche avec la plus grande avidité, on distingue le *Nouveau Testament* grec, 1633, in-12; le *Psautier,* 1653, in-12; l'*Imitation,* sans date; le *Corps de Droit par Justinien;* les auteurs latins, principalement jusqu'en 1642, et quelques auteurs français, format in-24.

[1] Josse Badius, l'un des plus célèbres imprimeurs de Paris, savant dans les belles-lettres, et professeur de grec à Lyon et à Paris, fut surnommé *Ascensius,* parce qu'il était d'Asche, dans le territoire de Bruxelles : il mourut à Paris en 1535, après avoir publié plusieurs ouvrages, entre autres, *Navicula Stultarum,* traduit en français par J. Droyn, 1501, in-4°; *Navis Stultiferæ, carmine illustrata,* 1513.

Conrad Badius, fils du précédent, publia, avec Robert Étienne, qui devint son beau-frère, plusieurs éditions recherchées, et mourut à Genève en 1568.

[2] Michel de Vascosan était natif d'Amiens : il épousa une des filles de Josse Badius, et devint ainsi allié de Robert Étienne, qui avait épousé l'autre. Il mourut en 1576. Vascosan passe, avec raison, pour l'un des plus excellens imprimeurs de France, par la beauté et l'exactitude de l'impression. On recherche encore surtout son *Plutarque* d'Amyot, 1567, 13 vol. in-8°.

[3] Robert Étienne était fils de Henri Étienne, imprimeur de Paris, qui mourut en 1520. Il apprit l'art de l'Imprimerie sous Simon de Colines, son beau-père. Il savait le latin, le grec, l'hébreu, et possédait l'art des belles-lettres. François Ier lui confia la direction de l'Imprimerie Royale. C'est lui qui distingua le premier ses Bibles par versets. Les docteurs de Paris lui ayant suscité des affaires, il se retira à Genève, où il fit profession de la religion protestante, et où il mourut en 1559, à l'âge de cinquante-six ans, laissant trois fils, Henri, François et Robert. Parmi ses belles éditions, on distingue la *Bible hébraïque,* 1544, 8 vol. in-16 : l'édition in-4° est moins estimée; le *Nouveau Testament* grec, 1546, 2 vol. in-16. On a de lui le *Thesaurus linguæ latinæ,* dont les éditions les plus estimées sont celles de Lyon, 1577, 2 vol. in-fol.; de Londres, 1734, 4 vol. in-fol.; de Bâle, 1740, 4 vol. in-fol. : celle-ci a quelques augmentations.

Les éditions de Robert Étienne sont les plus correctes : celles du *Nouveau Testament* grec, de 1546, 1549 et 1551, sont sans tache; dans celui de 1549, connu sous le nom de *Mirificam,* parce que la dédicace commence par ce mot, il ne se trouve qu'une seule faute, dans cette même dédicace, où on lit *pulres* pour *plures.* Afin de donner à ses ouvrages la pureté dont ils étaient susceptibles, après en avoir relu bien des fois les épreuves, il les exposait sur sa boutique, et donnait un sou aux écoliers pour chaque faute qu'ils y découvraient.

[4] L'Imprimerie Royale doit son origine à François Ier, *le Père des lettres;* elle doit son accroissement et une partie de sa célébrité au cardinal de Richelieu.

lui dit le Roi, *j'attendrai la fin de votre lecture.* Il insista, et ne voulut pas interrompre son imprimeur avant que l'épreuve fût corrigée.

Après Robert Étienne vint Charles, son frère [1], auquel succéda Henri, fils de Robert, et l'un des hommes les plus savans de son siècle. C'est avec les Muses grecques et latines qu'il se délassait des travaux typographiques [2]. Ce fut lui qui apporta d'Italie un manuscrit d'*Anacréon*, qui y avait été long-temps caché, et qui le publia, en l'accompagnant d'une version latine en vers de même mesure que ceux du poëte grec.

Mais les hommes ne sont pas les seuls qui se soient distingués à cette époque dans l'Imprimerie. Charlotte Guillard s'est signalée par un nombre considérable d'éditions estimées et recherchées. Instruite dans l'Art typographique par Rembolt, son premier mari, elle épousa, en 1520, Chevalon, qui la laissa veuve une seconde fois, en 1542. Elle commença à imprimer en 1538, et continua jusqu'en 1555. Elle a donné deux éditions du *Corpus Juris civilis, ad exemplar Haleandri*, 1540, 7 vol. in-8°; et, en 1546, *S. Gregorii Magni Opera*, 3 vol. in-fol.; en 1554, *S. Chrysostomi Opera*, les *OEuvres de saint Augustin*, le *Lexicon* grec et latin, la *Vulgate*, in-fol., etc. On a surtout d'elle une Bible latine, avec les notes de Jean Benedicti, et un *Saint Grégoire*, en deux volumes si corrects, que l'*errata* n'est que de trois fautes.

Vascosan eut pour gendre le fameux Frédéric Morel, interprète du Roi, et directeur de l'Imprimerie Royale, qui mourut en 1583. Frédéric-Jean, son fils, qui lui succéda, se rendit encore plus célèbre, et fut comme lui professeur et interprète du Roi. Il mourut en 1630, laissant aussi pour successeur un fils (Claude) connu par sa belle édition de *Saint Grégoire de Nazianze,* publiée en 1638, 3 vol. in-fol.

La France doit à Simon de Colines, qui épousa la veuve de Henri Étienne, l'introduction des caractères *italiques*, perfectionnés par les soins du célèbre Garamond, et préférables à ceux de Manuce. (*Voyez* TITRE II, art. II.)

---

[1] On a de Charles Étienne, *de Re rustica*, in-8°; *de Vasculis*, in-8°; une *Maison rustique*, in-4°; un *Dictionnaire historique, géographique et poétique.* L'anatomie lui doit un *Traité sur la dissection*, qu'il fit paraître en 1545. Il mourut en 1564, à l'âge de soixante ans, laissant une fille qui se distingua par ses ouvrages en prose et en vers.

[2] Il enrichit nos bibliothèques d'un grand nombre de belles éditions des auteurs anciens. On a de lui le *Thesaurus linguæ græcæ,* 1572, 4 vol. in-fol., auquel il faut joindre les deux *Glossaires* imprimés en 1573. Cet ouvrage était d'une grande dépense; et, ne pouvant le vendre que fort cher, il ruina son auteur, qui mourut à l'hôpital de Lyon en 1598, à l'âge de soixante-dix ans, tandis que Scapula, valet d'Étienne, ayant fait un abrégé du livre dont je viens de parler, fit un gain considérable. Henri Étienne est également auteur de l'*Apologie pour Hérodote*, dont la meilleure édition est celle de Le Duchat, 1735, 3 vol. in-8°. Ce savant typographe est auteur d'une foule d'autres ouvrages cités dans nos meilleures Bibliographies.

Le règne de Henri IV vit paraître Pierre Rocolet, aussi connu par ses talens typographiques que par sa fidélité envers son Roi pendant les troubles de la Ligue. Ce fut sous Louis XIII que parut Sébastien Cramoisy, que son mérite fit choisir pour diriger l'Imprimerie Royale, établie au Louvre au commencement du règne de Louis XIV. Il mourut en 1669.

Camusat, dont les presses ne furent jamais consacrées qu'à des ouvrages bons par eux-mêmes, fut choisi en 1634, par l'Académie, pour son imprimeur. On sait que cette illustre compagnie tenait chez lui ses séances, et qu'elle le chargea plusieurs fois de faire, en son nom, des complimens et des remercîmens à des hommes de lettres. Elle ne dédaigna pas d'assister en corps à ses obsèques, qui eurent lieu en 1639.

Antoine Vitré s'est immortalisé par l'édition de la *Polyglotte* de Le Jay, l'un des chefs-d'œuvre de l'Imprimerie. Son *Corps de Droit*, 1628, 2 vol. in-fol., et ses *Bibles* latines, 1666, in-fol. et in-4°, et 1652, 8 vol. in-12, sont au nombre des ouvrages les mieux imprimés dans le dix-septième siècle. Vitré mourut en 1674. Il a laissé une tache ineffaçable sur sa vie, en jetant à la fonte les caractères des langues orientales qui lui avaient servi à imprimer la *Polyglotte*, afin que personne ne pût s'en servir après sa mort.

Vers le milieu du dix-huitième siècle, Baskerville[1] en Angleterre, et, quelques années après, Ibarra[2] en Espagne, et Bodoni[3] en Italie, élevèrent l'Art

---

[1] Jean Baskerville, célèbre imprimeur et graveur anglais, né en 1706, à Wolverley, dans le comté de Worcester, mourut en 1775, à Birmingham. Il grava et fondit lui-même ses caractères, et leur donna une grande perfection. En 1756, il fit son premier essai typographique dans une édition in-4° de *Virgile*; ensuite il imprima le *Paradis perdu*, la *Bible*, in-fol.; *Common Prayers* en divers formats; *Horatius, Terentius, Catullus, Lucretius, Juvenalis, Sallustius* et *Florus*, in-4°; *Orlando Furioso*, 1775, 4 vol. in-8°. C'est avec ces mêmes caractères, dont les héritiers de Baskerville établirent un dépôt à Paris et à Strasbourg en 1785, que Beaumarchais fit imprimer à Kell la belle édition des *OEuvres de Voltaire*.

[2] Joachim Ibarra, imprimeur de la chambre du roi d'Espagne, né à Saragosse en 1725, mourut à Madrid en 1785. Il porta la perfection de son art à un point inconnu en Espagne. Ses presses ont produit les belles éditions de la *Bible*, du *Missel mosarabe*, de l'*Histoire d'Espagne*, par Mariana, du *Don Quichotte* et du *Salluste* espagnol, traduit par l'infant don Gabriel, 1772, in-fol., ouvrage qui a fait l'étonnement et l'admiration des connaisseurs. C'est Ibarra qui, le premier, a fait connaître le moyen de lisser le papier imprimé pour en faire disparaître les plis, et lui donner un coup d'œil plus agréable. Ce procédé a été remplacé et perfectionné par le satinage depuis quelques années.

[3] Jean-Baptiste Bodoni, directeur de l'Imprimerie ducale de Parme, imprimeur de S. M. C., membre de plusieurs Académies d'Italie, naquit le 16 février 1740, à Saluces, ville du Piémont, où son père, peu favorisé de la fortune, était imprimeur. Il montra, dès sa plus tendre enfance, beaucoup d'aptitude pour l'art typographique. Il fit de bonnes études au collége de Saluces; et, dans ses momens de récréation, au lieu de les employer aux jeux de son âge, il s'occupait sans

typographique à un degré de perfection très-remarquable. Mais l'Imprimerie, que Rivarol appelle si ingénieusement *l'artillerie de la pensée*, laissait encore parmi nous beaucoup à désirer. Le génie qui veille sur la France fit naître les Barbou, les Anisson, les Didot, les Crapelet[1] ; et l'aurore du dix-neuvième siècle éclaira le dernier période de cet art sublime, qui, sur une feuille légère, confidente des secrets et des pensées des Homère, des Horace, des Virgile, des Fénélon, des Racine, des Boileau, des La Fontaine, a transmis glorieusement à l'admiration des peuples les chefs-d'œuvre de ces typographes immortels.

cesse de l'Imprimerie. Ses études furent à peine terminées, qu'il se livra à la gravure en bois avec succès : ce talent lui fut d'un grand secours pour aller à Rome, où il travailla à l'Imprimerie de la Propagande, dirigée par l'abbé Constantin, qui le prit sous sa protection. Après la mort de ce dernier, Bodoni retourna dans sa patrie, d'où le duc de Parme le fit venir pour le nommer directeur d'une imprimerie qu'il voulait établir dans cette ville, où Bodoni arriva le 24 février 1768. Il fit un voyage à Paris, et se procura les divers caractères de Fournier jeune. De retour à Parme, il s'y livra à la gravure des poinçons, à la fonderie ; et bientôt sa maison fut désignée comme une des premières typographies de l'Europe. On y frappa des types et on y imprima des ouvrages dans toutes les langues. La preuve de ce fait est renfermée dans l'anecdote suivante :

On se rappelle que, lorsqu'en 1805, le pape Pie VII vint à Paris, et qu'il visita l'Imprimerie du Gouvernement, cent cinquante presses offrirent à S. S. l'Oraison dominicale imprimée en autant de langues différentes. Bodoni fit plus que l'Imprimerie française : en 1806, il fit hommage au vénérable Père de l'Église de l'*Oratio dominica,* imprimée en cent cinquante-cinq langues ou dialectes, sur des types gravés et fondus par lui.

Bodoni mourut à Parme le 30 novembre 1813. On recherche et l'on recherchera toujours l'*Iliade d'Homère,* en grec, 1808, 3 vol. in-fol. ; les *OEuvres complètes de Racine,* 3 vol. in-fol., 1813 ; les *Fables de La Fontaine,* 2 vol. in-fol., terminés par la veuve de ce typographe célèbre, en 1814 ; et l'*Oratio dominica* dont je viens de parler.

[1] Ces quatre noms, chers à la Typographie française, méritent des notes particulières.

L'origine de la maison Barbou remonte vers le milieu du seizième siècle. Jean Barbou, imprimeur à Lyon, s'est rendu recommandable par ses éditions, et surtout par celle des *OEuvres de Marot,* qu'il imprima en 1539, en petit format in-8°.

Hugues Barbou, fils de Jean, quitta la ville de Lyon pour se retirer à Limoges, où, l'an 1580, il imprima, en très-beaux caractères italiques, les *Épîtres de Cicéron à Atticus,* avec les corrections et les notes de Siméon Dubois, lieutenant-général de Limoges.

Le premier des Barbou qui se fixa à Paris fut Jean-Joseph. C'est Joseph-Gérard Barbou, son neveu, qui a publié, entre 1760 et 1765, les belles éditions des auteurs classiques, dont la collection forme 70 volumes in-12. Barbou-Champour, le dernier de la branche établie à Paris, est mort le 7 avril 1813, à l'âge de quatre-vingt-dix-huit ans.

Étienne-Alexandre-Jacques Anisson-Duperron, descendait en ligne directe de Laurent Anisson, imprimeur et échevin à Lyon, où il publia, en 1677, la *Bibliotheca maxima veterum Patrum et antiquorum Scriptorum,* 27 vol. in-fol.

Anisson-Duperron, fils de Jacques Anisson, naquit à Paris en 1748. Il fut, en 1783, directeur de l'Imprimerie Royale. Le 4 juillet 1792, il fut inculpé pour l'impression d'un arrêté inconstitutionnel du département de la Somme. Ce fut vainement qu'il produisit à l'Assemblée législative

l'ordre qui lui avait été donné par le secrétaire-général du ministère de l'intérieur : son excuse ne
fut point écoutée; et, après le 10 août, Anisson-Duperron fut obligé de quitter l'établissement que
ses ancêtres avaient dirigé depuis 1701, et qu'à leur exemple il avait enrichi et illustré. Arrêté en
germinal an II, il fut conduit devant le tribunal révolutionnaire, et condamné à mort le 6 floréal
de la même année (25 avril 1794).

Anisson-Duperron, dont toutes les veilles furent consacrées au progrès de l'Art typographique,
inventa, en 1785, une presse d'une grande dimension, et dont l'écrou, la vis, la platine et le train
ont servi au perfectionnement des presses *à un coup*, dont on se sert aujourd'hui dans les meilleures
imprimeries de France.

L'invention de cette presse a été revendiquée comme appartenant à M. François-Ambroise Didot.
Les explications données à ce sujet paraissent être en faveur de ce dernier.

La famille Didot, connue dans l'Art typographique depuis plus de cent ans, offre une série si
nombreuse d'artistes, que j'ai cru devoir donner à cet égard une espèce d'article chronologique pour
l'intelligence des lecteurs.

François-Ambroise Didot naquit à Paris en 1730, où il mourut en 1804. Il était fils d'un imprimeur
très-instruit. Rempli d'enthousiasme pour son art, il surpassa bientôt les meilleurs typographes de
la France et de l'étranger. C'est à lui que nous devons la fabrication des papiers dits *vélins*. Il imita
ce procédé des Anglais en 1779; et, grâces à ses conseils, MM. Johannot, d'Annonay, ne connurent
bientôt plus de rivaux.

Parmi les ouvrages sortis des presses d'Ambroise Didot, on cite avec éloge la *Collection* dite
d'Artois, recueil de romans, format in-18, en 64 volumes, et la *Collection des Classiques français*,
imprimée par ordre de Louis XVI, pour l'éducation du Dauphin.

Il étudia son art jusque dans les plus petits détails, inventa les garnitures en fonte, et, en 1777,
la presse à un coup, qui lui fut disputée par le directeur de l'Imprimerie Royale, Anisson-Duperron,
ainsi que je l'ai déjà dit.

François-Ambroise Didot établit une fonderie, d'où sortirent les plus beaux types que l'on eût
encore vus en France, et dont je parlerai plus tard.

La Collection des Classiques français, destinée à l'éducation du Dauphin, imprimée dans les
formats in-18, in-8°, in-4°, et dans lequel dernier format est comprise la fameuse *Biblia sacra,*
suffirait seule à la gloire de cet habile typographe.

En mourant, François-Ambroise Didot céda son imprimerie à son fils aîné, Pierre, et sa fonderie
à son second fils, Firmin.

Pierre-François Didot, frère de François-Ambroise, né à Paris en 1732, mort en 1795, se distingua par ses connaissances dans la bibliographie ancienne. Nommé imprimeur du Roi en 1777, il
devint imprimeur de MONSIEUR, aujourd'hui Louis XVIII. Il établit une manufacture de papier, se
mit à la tête d'une fonderie, et contribua aux progrès de l'Art typographique, tant par des améliorations aux caractères, que par des éditions remarquables, parmi lesquelles on cite l'*Imitation
de Jésus-Christ*, in-fol., 1788; *Télémaque*, in-4°; *Tableau de l'Empire Ottoman*, in-fol.; et la
Bible, in-4°. Il laissa quatre fils : le premier, Pierre-Nicolas-Firmin Didot, prit la direction de son
imprimerie, dont il est encore titulaire; et le second, Henri Didot, est connu comme fondeur
et graveur de caractères.

M. Pierre Didot, fils aîné de François-Ambroise, naquit à Paris au mois de janvier 1761, et
succéda à son père en 1789. Il s'occupa d'abord de terminer la belle Collection in-4° pour l'éducation
du Dauphin, dont son père avait publié 17 volumes, et qu'il porta jusqu'à 31; mais il devait bientôt
atteindre, dans ses travaux, à un plus haut degré de perfection. Stimulé par un sentiment d'émulation
nationale, à la vue des éditions de Bodoni, M. Pierre Didot résolut d'enlever à l'Italie, qui protégea
l'enfance de la Typographie, la palme nouvelle qu'elle voulait conquérir.

Ce fut en 1795, au milieu des orages politiques et des difficultés de tout genre, qu'il conçut le projet de sa belle collection in-folio. Aucun sacrifice, même celui d'une partie de sa fortune, ne lui coûta pour donner aux magnifiques éditions qui la composent tout l'éclat et tous les ornemens qu'elles auraient pu recevoir dans des temps plus prospères. Les plus célèbres graveurs furent appelés, pour les embellir, à reproduire les brillantes compositions des David, des Gérard, des Girodet, des Prudhon, des Chaudet et des Percier.

Tant d'efforts méritaient plus que des éloges : aussi, en 1797, le ministre de l'intérieur (François de Neufchâteau) fit-il donner à M. Pierre Didot, à titre d'encouragement et de récompense nationale, le local occupé anciennement par l'Imprimerie Royale, au Louvre. Le célèbre imprimeur se montra bientôt digne d'une distinction aussi flatteuse, par la publication de son *Virgile*, qui parut en 1798. Il publia successivement, et dans le même format in-folio, *Horace*, en 1799, *Racine*, en 1801 : ce dernier ouvrage, déclaré par le Jury des arts *la plus belle production typographique de tous les pays et de tous les âges*, valut à M. Pierre Didot la médaille d'or. Les *Fables de La Fontaine* parurent en 1802. Tous les exemplaires de ces diverses éditions, tirés à deux cent cinquante exemplaires sont numérotés et signés par l'éditeur.

A la réputation européenne qu'il s'était acquise comme imprimeur, M. Pierre Didot voulut joindre celle de fondeur de caractères. Il apporta, pour y parvenir, ces soins éclairés et cette persévérance active qui lui avaient déjà valu de si honorables succès. Dix années consécutives furent consacrées à perfectionner et à faire graver sous ses yeux, par M. Vibert, les types de dix-huit caractères différens, gradués dans une proportion nouvelle, et dont je parlerai à l'article concernant la *Fonderie*, TITRE II, ARTICLE II. C'est avec ces nouveaux types que M. Pierre Didot a imprimé, en 1819, *Boileau* et la *Henriade*, in-folio, tirés à cent vingt-cinq exemplaires.

Éditeur éclairé et savant grammairien, c'est autant par la pureté et la correction du texte, que par la magnificence de l'impression, que cet habile typographe cherchait à rendre ses éditions parfaites; et l'innovation qu'il a introduite dans l'emploi des accens mérite l'examen et peut-être la sanction de l'Académie française. M. Pierre Didot a remarqué que, dans la plupart des Dictionnaires, même les plus estimés, l'accent aigu et l'accent grave étaient appliqués sur un grand nombre de mots avec une variation si arbitraire, que l'*e* marqué d'un accent aigu dans tel Dictionnaire l'était d'un accent grave dans tel autre. C'est ainsi que l'on trouve dans le Dictionnaire de Trévoux *sacrilège* avec un accent grave, et dans le Dictionnaire de l'Académie *sacrilége* avec un accent aigu; *fève* avec un accent aigu dans le premier, et *fève* avec un accent grave dans le second, etc. C'est pour faire disparaître des contrastes choquans dans des ouvrages qui devraient se distinguer par une immuable fixité de principes, et pour indiquer d'une manière certaine, surtout aux étrangers, la véritable prononciation, que M. Pierre Didot a employé dans sa *Collection des Classiques français*, et engage à adopter généralement un accent nouveau, dont la forme perpendiculaire marque un terme moyen entre l'accent grave et l'accent aigu, et s'applique sur les *e* qui semblent, dans la prononciation, devoir participer de l'*é* fermé et de l'*è* ouvert.

M. Pierre Didot s'est fait connaître dans la littérature par deux Préfaces écrites en latin, qu'il a placées à la tête de ses éditions in-folio de *Virgile* et d'*Horace* : elles sont remarquables par l'élégance et la pureté du style. Il a publié de plus, *Épître sur les Progrès de l'Imprimerie*, 1784; *Essai de Fables nouvelles*, 1786; *Traduction en vers du premier livre des Odes d'Horace*, 1796; *Inscriptions morales, ou Recueil de Quatrains moraux*, 1806; les *Amours de Didon et sa mort, ou le quatrième livre de l'Énéide de Virgile*, 1822; et enfin, sous le titre de *Specimen des nouveaux caractères de l'imprimerie de Pierre Didot l'aîné*, quelques poésies légères qui portent, comme les autres productions de leur auteur, le cachet d'un talent facile et gracieux.

Ce savant artiste a dédié ce *Specimen* à son fils Jules, qu'il y désigne comme son successeur prochain, et qui lui a effectivement succédé en 1822.

6

Les récompenses et les marques distinctives réservées aux hommes qui honorent à la fois leur profession et leur patrie, ne pouvaient échapper à M. Pierre Didot : il en a reçu de tous les gouvernemens qui se sont succédés en France depuis 1792. Logé au Louvre, aux frais de l'État, en 1797, il fut décoré par Napoléon de la croix de la Réunion; et il a été nommé par Louis XVIII Imprimeur du Roi et chevalier de l'Ordre Royal de Saint-Michel.

Les travaux de M. Pierre Didot attesteront à la postérité, qu'au milieu des orages de la plus étonnante révolution, cet habile typographe a su, d'un pas ferme et tranquille, parcourir la carrière que le génie de son père et le sien lui avaient tracée. Il n'a vu, dans le tumulte des passions et dans le choc des opinions, que l'art qu'il chérissait dès sa plus tendre enfance. Marchant à travers des obstacles sans cesse renaissans et des difficultés sans nombre, il a su vaincre les uns, braver les autres, et arriver à son but. Modeste comme le génie, il ne croyait pas l'avoir encore atteint, quand depuis long-temps il l'avait dépassé.

M. Firmin Didot, frère du précédent, également Imprimeur du Roi, et de plus Imprimeur de l'Institut de France, a soutenu en cette qualité, mais surtout comme graveur et fondeur, le nom illustré par son père et par son frère. Je parlerai plus longuement de cet artiste à l'article de la *Fonderie* et à celui la *Stéréotypie*, TITRE II, ARTICLE II et TITRE XI, ARTICLE II.

Les Muses ont aussi charmé les loisirs de M. Firmin Didot. Ses ouvrages littéraires sont, 1° *Le Premier Chant de Tyrthée*, in-4°, 1800; 2° *Lettre à mon frère Pierre Didot, sur le perfectionnement de l'Art typographique;* 3° *Traduction en vers français des Bucoliques de Virgile*, précédées de plusieurs Idylles de Théocrite, de Bion et de Moschus, et d'une tragédie d'*Annibal*, non représentée : ces diverses poésies et traductions sont réunies en un seul volume in-12, publié en 1822. M. Firmin Didot est également auteur d'une tragédie en cinq actes, intitulée *la Reine de Portugal*, jouée pour la première fois sur le second Théâtre français, le 17 octobre 1823.

Je parlerai de M. Henri Didot, cousin des deux précédens, et fils de Pierre-François Didot, à l'article *Fonderie*, TITRE II, ARTICLE II.

Charles Crapelet, né en 1762, à Bourmont, mourut à Paris en 1809. Les ouvrages sortis de ses presses portent le cachet du vrai talent typographique : ils ont toujours tenu leur rang après ceux de M. Pierre Didot. On distingue surtout les *Aventures de Télémaque*, 1796, 2 vol. in-8°; les *Saisons de Thompson*, 1796, 1 vol. in-8°; *OEuvres de Boileau-Despréaux*, 1 vol. in-4°; *Histoire naturelle des Grimpereaux et Oiseaux de Paradis*, in-fol., ou deux vol. in-4°, 1802 : cet ouvrage a été imprimé en or, et c'est peut-être ce qui existe de plus beau dans ce genre d'impression.

Comme M. Jules Didot, M. Crapelet fils a succédé à son père. La réputation connue de ces deux maisons nous dispense de tout éloge.

MANUEL

DE

LA TYPOGRAPHIE FRANÇAISE.

TITRE PREMIER.

ANALYSE SOMMAIRE DE LA TYPOGRAPHIE.

Avant de développer les principes applicables à chaque partie de cet art, je dois le faire connaître en peu de mots dans son ensemble, en commençant par la gravure des caractères, et en le suivant successivement jusqu'à la fin du travail de la presse.

Le *graveur* taille sur l'acier des poinçons en relief, représentant chacun une lettre de l'alphabet. Ces poinçons étant achevés et trempés, on les frappe dans une petite pièce de cuivre ou d'argent, que l'on nomme alors *matrice*, parce qu'elle représente la lettre en creux, et que c'est sur cette matrice, renfermée dans un moule, que le *fondeur*, avec une masse liquéfiée, composée de plomb et de régule d'antimoine, à laquelle on ajoute quelquefois de l'étain et du cuivre, fond un parallélipipède, nommé *type* ou *lettre*.

Ces parallélipipèdes, supposés debout, ont les trois dimensions géométriques, la longueur, la largeur et la profondeur, que l'on nomme en imprimerie, *corps*, *épaisseur* et *hauteur*.

Les fondeurs joignent indispensablement à ces types ou lettres des *espaces*, des *demi-quadratins*, des *quadratins* et des *quadrats*. Les espaces, qui sont de différentes épaisseurs, servent à *espacer* les mots; les demi-quadratins, les quadratins et les quadrats servent à compléter la longueur des lignes, à marquer les alinéas et à former les blancs. Les fondeurs fournissent aussi des *interlignes* de différentes *épaisseurs* pour toutes les *justifications*.

Après que ces divers objets ont subi toutes les opérations qui constatent leur justesse, ils sont remis au chef d'une imprimerie, et, dès ce moment, toutes les fonctions du graveur et du fondeur sont terminées.

Les types, ou lettres mobiles, *distribués* dans leurs *casses* respectives, sont employés pour *composer* les pages de la feuille qui doit être imprimée. Ces pages, placées sur une table de pierre, que l'on appelle *marbre*, d'après la division et dans l'ordre convenable à chaque format, sont serrées dans un *châssis* de fer, et offrent une planche solide appelée *forme*, propre à être transportée d'un endroit à l'autre.

Avant d'imprimer cette forme, il faut la *corriger;* c'est-à-dire en faire disparaître les fautes commises par le *compositeur,* ou exécuter les changemens faits par l'auteur. Ce travail se répète à plusieurs reprises, selon la quantité de fautes que le *correcteur* ou l'auteur remarque. Les feuilles d'essai sur lesquelles on corrige les fautes se nomment *épreuves.*

Lorsque la correction est finie, le *pressier* ou *imprimeur* met la forme sous presse, et en tire le nombre d'exemplaires déterminé.

Le tirage étant achevé, la forme, après avoir été lavée, repasse entre les mains du compositeur, qui la desserre sur le marbre et en *distribue* les caractères dans leurs *casses,* pour les employer à une nouvelle composition.

Ainsi le mécanisme de l'art d'imprimer se réduit à deux fonctions :

1° La *composition,* ou l'art d'assembler les lettres, conformément à une *copie* donnée;

2° L'*impression,* ou l'art de fixer sur le papier l'empreinte des caractères.

Ces deux fonctions exigent, comme je viens de le dire, deux espèces d'ouvriers : les premiers se nomment *compositeurs;* les seconds, *imprimeurs.*

Celui qui est chargé de la direction générale des travaux, de la lecture des *épreuves* et de la révision des dernières corrections, se nomme *prote,* d'après le mot grec *protos,* c'est-à-dire *premier.*

Dans les imprimeries considérables, on a, indépendamment du prote, un sous-prote, et des correcteurs pour la lecture des épreuves. On a aussi des ouvriers à la journée, appelés *hommes de conscience :* ils secondent le prote dans les divers détails de l'imprimerie, corrigent les dernières épreuves sous presse, que l'on nomme *tierces,* et sont chargés des ouvrages de ville.

TITRE SECOND.

DES CARACTÈRES D'ÉCRITURE ET D'IMPRESSION.

ARTICLE PREMIER.

DES PROCÉDÉS QUE L'ON EMPLOYAIT POUR FIXER LES CARACTÈRES SUR LE PAPIER AVANT L'INVENTION DE LA TYPOGRAPHIE.

J'ai dit, page 6, comment, lorsque les caractères furent inventés, on les traça, d'abord sur des feuilles de palmier, ensuite sur l'écorce intérieure du tilleul, sur le papyrus, sur des tablettes enduites de cire, sur des peaux de boucs, de moutons, sur de la toile gommée, sur de la soie, de la corne, etc.[1] J'ai dit aussi de quel instrument on se servait pour tracer les lettres sur ces différentes substances préparées; j'ai indiqué l'époque où le papier parut : mais je n'ai pas dit quels moyens on employait, avant l'invention de l'Imprimerie, pour fixer les caractères sur le papier autrement que par le secours de la plume.

Ces moyens consistaient d'abord dans l'usage de ces patrons découpés dans des lames de laiton, de cuivre ou de fer blanc; procédé dont on se sert encore pour faire des inscriptions, des étiquettes, et autres objets de peu d'importance.

On me permettra d'entrer dans quelques détails sur ce procédé, que bien des personnes croient être d'une invention moderne.

« Les Étrusques, dit le savant M. Jansen, dans son *Essai sur l'Origine de la* « *Gravure,* furent les premiers qui l'employèrent en Europe; mais il y a lieu « de croire qu'ils le tenaient des Égyptiens; et les ornemens réguliers qu'on voit « sur les momies font penser que ces derniers se sont servis de patrons pour « les y appliquer. Mais il n'y a point de doute à cet égard relativement aux « peintures des vases étrusques, qui ressemblent assez à nos silhouettes. »

Cela s'accorde parfaitement avec ce que dit à ce sujet le comte de Caylus dans son *Recueil d'Antiquités*, in-4°, tom. Ier, pag. 87 :

« Quand la couverte, noire ou rouge, était sèche, le peintre, ou plutôt le

---

[1] En 1747, on vendit chez M. de Pontchartrain un *Pentateuque* hébreu écrit sur quarante-cinq peaux de veau cousues ensemble dans une longueur d'environ cent pieds. On écrivait encore sur d'autres parties animales. La Bibliothèque de Dresde possède un calendrier mexicain tracé sur peau humaine; l'ancienne Bibliothèque d'Alexandrie possédait les poëmes de l'Iliade et de l'Odyssée écrits en lettres d'or sur la peau d'un serpent.

« dessinateur, devait nécessairement calquer ou poncer son dessin; et, selon
« l'usage de ce temps-là, il n'a pu se servir, pour y parvenir, que de lames de
« cuivre très-minces, susceptibles de tous les contours, et découpées comme
« l'on fait aujourd'hui ces mêmes lames pour imprimer les lettres et les orne-
« mens. Il prenait ensuite un outil fort tranchant, avec lequel il était le maître
« de faire ce qu'on appelle la réserve, les traits les plus déliés; car il emportait
« et ôtait la couverte noire sur ce qui devait être clair. »

On sait que l'empereur Justin, le roi Théodoric, et l'empereur Charlemagne,
employaient une lame d'or découpée pour apposer leur seing. « La raison qui
« fait, dit M. Jansen, que les signatures de ces princes ne sont pas toujours
« exactement les mêmes, c'est qu'ils changeaient de temps en temps la lame
« découpée qui leur servait à cet usage. »

M. de Murr cite, d'après Tristan (*Comment.*, tom. III, pag. 687), une lame
de laiton avec quatre lignes d'écriture à jour, qu'il donne comme le plus ancien
monument de la gravure en taille douce. Le comte de Caylus produit une
autre de ces lames, avec deux lignes d'écriture, sous le nom de *Tessere*, dans
son *Recueil d'Antiquités*, tom. IV, pl. III, pag. 333.

Il est probable que c'est encore de ce même procédé que l'on a fait usage
pour la confection des grandes lettres qui décorent nos anciens manuscrits et
nos premiers monumens typographiques. Cette idée s'accorderait assez avec
celle du célèbre Fournier, qui dit que ces grandes capitales, dans la confection
desquelles entrent souvent trois ou quatre couleurs différentes, n'ont pu être
exécutées que par *rentrées*. J'abandonne, au surplus, cette réflexion aux typographes qui pensent que l'on a pu se servir d'un autre moyen.

Des grandes lettres capitales, les calligraphes passèrent aux majuscules et aux
minuscules, pour faire des livres entiers par le moyen de ces lames de laiton
découpées.

M. Heinecke [1] parle d'un manuscrit en grosses lettres, contenant des vêpres,
des vigiles, des offices des saints, dont une partie est écrite à la plume, et dont
le reste est fait par le procédé dont je parle. Il se trouve relié en un volume
avec le Psautier de 1457, et se conserve au monastère de Roth, dans le voisi-
nage de Memmingen en Bavière.

Ce genre d'écriture fut principalement employé pour les grands livres de
prières ou de plain-chant. Ce procédé était encore en usage, au dernier siècle,
dans quelques maisons religieuses de l'Allemagne.

M. Breikopf dit avoir vu dans l'église de la Chartreuse d'Erfurt trois grands
in-folio exécutés de cette manière, avec de belles lettres écrites, ou plutôt
peintes, dont l'un, *Proprium Sanctorum secundum ritum Sacri Ordinis Cartu-*

---

[1] *Idée générale d'une Collection d'Estampes*, etc., pag. 271.

siensis, exécuté en 1747, et deux volumes *de Officiis temporis, a Dominica Passione usque ad Adventum conscripta*, avec du chant noté. Ces deux derniers livres ont été faits en 1758, à la Chartreuse qui existait jadis près de Mayence, d'où ils furent transportés ensuite à Erfurt.

Il existait aussi, il y a quelques années, dans cette même Chartreuse, un manuscrit, qui probablement est unique en son genre, et qui fut terminé le 26 septembre 1760. Ce manuscrit, qui traite de l'office divin, est du père Thomas Bauer : il est composé de deux cent cinquante-deux pages grand in-folio, sur parchemin. Le titre est encadré d'ornemens et de festons de fleurs qui pourraient passer pour un chef-d'œuvre en leur genre. Il y a deux vases que le pinceau le plus exercé ne saurait rendre d'une manière plus agréable; une couronne de fleurs, d'où partent des rayons d'or, est posée au milieu, au-dessus du nom de I. H. S., écrit en lettres d'or, et posé sur un cœur percé de flèches : de chaque côté, il y a deux oiseaux d'une nuance verdâtre, tenant des guirlandes de fleurs dans leur bec. La beauté du texte répond parfaitement à celle du titre.

L'origine de tous ces objets d'embellissement est bien antérieure à l'époque où l'Imprimerie prit naissance. La préparation de l'encre de diverses couleurs, en or, en argent; celle du parchemin, du vélin; la décoration des grandes lettres capitales : tout ce luxe bibliographique était connu dans le siècle d'Auguste [1]. Ovide nous en donne une idée dans la première élégie de son livre, qu'il envoie à Rome, lorsqu'il lui dit que sa parure soit conforme à l'état d'exil où son maître se trouve; que sa couverture ne soit point en couleur de pourpre; que le titre soit en vermillon et les feuillets sans *cedria* (résine); que les deux faces ne soient point polies par la pierre ponce, etc.

> *Nec te purpureo velent vaccinia succo :*
> *Nec titulus minio, nec cedro charta notetur :*
> *Nec fragili geminæ poliantur pumice frontes.*

On conserve dans la Bibliothéque du Roi de Suède le manuscrit original d'Ulphilas, évêque arien qui florissait vers l'an 370. Ce manuscrit est une

---

[1] Le parchemin fut inventé à Pergame, sous le règne du roi Eumènes, environ deux cents ans avant Jésus-Christ. Il était blanc, jaune ou pourpre; mais cette dernière couleur fut particulièrement affectée aux livres sacrés et aux diplômes des empereurs. On n'écrivait que d'un seul côté : cela dura jusqu'au neuvième siècle. C'est à cette époque que les moines imaginèrent de racler le parchemin pour en effacer l'écriture, et le faire servir de nouveau. Ce funeste usage a détruit une foule d'ouvrages précieux, qui nous auraient éclairés sur l'histoire et les mœurs des siècles obscurs de l'antiquité.

Saint Jérôme et la plupart des savans accordent l'invention du vélin à Cratès, académicien d'Athènes, environ trois cents ans avant Jésus-Christ.

traduction des quatre Évangélistes en langue gothique : on le nomme *Codex argenteus*, parce que les lettres sont en or et en argent, sur vélin couleur de pourpre.

Ces divers ornemens devinrent, avec le temps, si nécessaires aux manuscrits, qu'il se forma une classe particulière d'écrivains qu'on appelait *rubricatores, illuminatores, miniatores, miniculatores,* qui se sont maintenus même pendant le premier siècle de l'Imprimerie, ainsi qu'on le peut voir par les premiers livres imprimés au quinzième siècle, non-seulement dans les grandes lettres capitales, mais encore dans les majuscules du discours, où l'on remarque de l'or, de l'argent, du pourpre, du vert, du bleu, etc.; aussi les imprimeurs avaient-ils de ces rubricateurs ou enlumineurs parmi leurs ouvriers. (*Voyez* plus haut, la note insérée aux pages 23 et suivantes.)

Le second moyen que l'on employa pour rendre la pensée sur le vélin ou sur le papier, autrement que par l'usage du stylet, de la plume ou du pinceau, est celui que l'on pratique encore en Chine, malgré l'introduction de la Typographie.

J'ai déjà eu l'occasion de dire, page 10, que l'Imprimerie xilographique ou tabellaire avait, selon l'opinion d'Ange Roccha, pris naissance chez les Chinois, trois cents ans avant Jésus-Christ, et que le P. Couplet, missionnaire à la Chine en 1659, datait seulement cette invention de l'an 930 de notre ère.

Voici comment les Chinois se servent de ce moyen :

Quand on veut imprimer un ouvrage, on le fait transcrire d'abord par un bon écrivain ou calligraphe, sur un seul côté de papier mince et transparent. Le graveur colle chacune des feuilles, du côté de l'écriture, sur une planche de bois dur et poli; puis, avec une pointe tranchante, il suit les traits, et taille les caractères en relief, abattant ou évidant tout le reste du bois où il n'y a rien de tracé.

Les Chinois se servent encore de ce procédé pour imprimer au cylindre leurs papiers de tenture, leurs toiles, etc.

C'est d'après ce même procédé que, vers la fin du règne de Charles V, l'an 1376, on commença à graver en France les cartes à jouer.

Il n'est pas douteux que la confection des planches et l'impression des *livres d'images,* qui ont paru dans les quarante premières années du quinzième siècle, ne dérivent du procédé inventé par les Chinois, et n'aient servi de modèle aux premiers essais sur l'Imprimerie, tentés en Hollande et en Allemagne vers l'an 1440.

CARACTÈRE MOESO-GOTHIQUE, CONNU PLUS PARTICULIÈREMENT SOUS LE NOM DE *GOTHIQUE D'ULPHILAS.*

ALPHABET.

Figure.	Valeur.	Figure.	Valeur.
Ⱥ	a	M	m
Ƀ	b	N	n
ꝺ	d	Ꝺ	o
Ɇ	e	Π	p
Ⱦ	f	Ꙋ	cw *et* c *médial*
Γ	g	Ꝛ	r
h	h	S	s
ⱺ	hw *ou* qu	T	t
I	i *médial et final.*	Ψ	th
ï	i { *initial soit du mot, soit de la racine.*	Π	u
Ϛ	j *ou* y	Ϋ	w
K	k	X	ch, χ
Λ	l	Z	z

Ɡⱥh ïⱥisns ΓⱥsⱥiꝊⱥnꝺs ïnⱥ φⱥτɇi ȾꝛꝺⱥⱥꞢⱥ ⱥnꝺhꝛȾ. Ꙋⱥφ ꝺn ïmmⱥ. ni Ⱦⱥiꝛꝛⱥ ïs φinꝺⱥⱥnΓⱥꝛⱥϛⱥi Γꝛꝺφs: Ɡⱥh ⱥinshꝺn φⱥnⱥsɇiφs ni Γⱥꝺⱥⱥnꝛsτⱥ ïnⱥ Ⱦꝛⱥihnⱥn:

Ɡⱥh ⱥnꝺhⱥꞰꞬⱥnꝺs ïⱥisns Ꙋⱥφ. ⱥⱥisꞬⱥnꝺs ïn ⱥⱥh. Ꝋⱥiϋⱥ Ꙋiφⱥnꝺ φⱥi ꞢꝛⱪⱥꝛꞬꝛꙊ φⱥτɇi Xꝛisτns snnns ïsτ ꝺⱥϋɇiꝺis.

ULPHIL. Marc, c. 12, ℣. 34 et 35.

ARTICLE II.

ORIGINE DES CARACTÈRES, NOMS DE LEURS INVENTEURS ET DES GRAVEURS QUI ONT COOPÉRÉ A LEUR PERFECTIONNEMENT.

Les caractères gothiques employés dans les éditions du quinzième siècle n'ont rien de commun avec ceux que les Goths apportèrent en Italie et en Espagne, lors de leurs incursions. Celui dont Ulphilas, évêque arien, Goth de nation, est réputé l'auteur, se nomme *gothique ancien*. Ce caractère était encore en usage sous le règne de Charlemagne; et on l'employa même encore quelque temps après la mort de cet empereur, en lui faisant subir successivement quelques améliorations [1].

Le gothique en usage pour la gravure au douzième siècle est le fruit de la bizarrerie et du mauvais goût : c'est l'écriture latine embellie, mais chargée de traits absurdes et superflus. En voici l'alphabet :

a b c d e f g h i
k l m n o p q r s
t u v w x y z.

---

[1] On trouve, dans un ouvrage très-précieux et fort rare, ayant pour titre : *Linguarum Vet. Septentrionalium Thesaurus grammatico-criticus et archæologicus; auctore* GEORGIO HICKESIO, *S. T. B. Oxoniæ, e Theatro Sheldoniano, ann. Dom.* MDCCV, des *modèles* de tous les caractères d'écriture et de gravure qui ont été en usage jusqu'au quinzième siècle. Cet ouvrage est à la Bibliothéque Royale.

Ce gothique s'étendit dans tous les États de l'Europe, au commencement du treizième siècle. Les monnaies, les sceaux, les médailles, les monumens lapidaires, en furent empreints. Plus tard ce caractère fut adopté par les Flamands, avec quelques modifications.

Le *gothique moderne*, qui parut vers le milieu du treizième siècle, est celui dont on faisait usage au quinzième, et que Laurent Coster, de Harlem, traça en 1437, sur les planches fixes ou xilographiques qui lui servirent à imprimer l'*Horarium*, le *Speculum*, le *Donat*, et autres ouvrages dont j'ai déjà parlé, et qu'on lui attribue [1].

En voici un modèle :

MAJUSCULES.

ABCDEFGHIJKLMNOPQR
STVXYZ.

MINUSCULES.

abcdefghiklmnopqrstuvxyz.

Les lettres du gothique moderne sont connues dans l'Imprimerie sous le nom de *lettres de forme*, à cause des traits angulaires pointus qui rendent la forme de ces lettres plus composée. On ne faisait point usage de ce caractère en écriture courante ; il n'était employé, en Allemagne, en France, en Angleterre, en Hollande, etc., que pour les inscriptions publiques, les livres de chœur et autres livres de liturgie.

Les majuscules du gothique moderne furent nommées *lettres cadeaux*, et les capitales qui commençaient les chapitres reçurent le nom de *lettres tourneures*, à cause de leur figure longue et tournante, qu'on embellissait de différentes couleurs, ainsi que je l'ai dit page 23.

---

[1] Selon Méerman, et quelques autres partisans de la Hollande, il paraîtrait qu'après avoir imprimé ces ouvrages sur planches fixes ou xilographiques, Coster aurait essayé de les réimprimer avec les caractères mobiles en bois qu'il avait taillés. Ce fait est contesté : la majorité des écrivains s'accorde à dire que l'on n'a imprimé à Harlem que sur planches fixes ; l'existence de l'*Horarium* même n'a pour preuve que la feuille de parchemin trouvée par Enschède, à Harlem, et pour principal historien, que Méerman.

P Repositio quid est: Pars ora
tionis que preposita alijs par
tibus oratois significationem
eax aut complet. aut mutat
aut minuit. Prepositioi quot accidut?
Unum. Quid? Casus tm. Quot casus
Duo: Qui? Acctis ablatuis. Da prepo-
sitiones acti casus: vt ad. apud. ante
aduersum. cis. cetra. circu. circa. cotra.
erga extra. inter. intra. infra. iuxta. ob
pone. per. pe. propter. secdm. post. trans
ultra. preter. supra. circiter. usq; secus.
penes. Quo dicimus eni? Eo patrem
apud villa. ante edes. aduersum inimi
cos. cis renu. cetra foru. circu vicinos
cetra templu. contra hostes. erga poni-
quos. extra terminos. inter naues. intra menia. infra tectu. iuxta macellu
ob auguriu. pone tribunal. p parietem
pe fenestra. propter disciplina. secdm fo-

Voici un petit modèle de ces lettres capitales ou tourneures, dégagées de leur entourage et de leurs longues queues :

A B C D E F G H I K L M N O
P Q R S T U W X Y Z.

Les lettres de forme employées par Coster, servirent de modèle aux caractères mobiles en bois avec lesquels on réimprima, soit à Mayence, soit à Strasbourg, les ouvrages de ce dernier; elles servirent aussi de règle pour les caractères en fonte dont Guttemberg, Fust et Schoeffer, firent usage pour la *Bible* sans date et le *Psautier*, qui parurent douze ou quinze ans après l'*Horarium*, le *Speculum* et le *Donat* de Coster.

La page placée ci-contre fait partie d'un *Donat* imprimé sur planches fixes en bois. Celle qui a servi à cette même page est déposée à la Bibliothèque Royale. Par les soins obligeans de M. Van Praet, j'en ai obtenu une épreuve que j'ai reproduite au moyen du décalque. Les défectuosités que l'on remarque dans quelques lettres proviennent de la piqûre que les vers ont faite à cette planche, qui paraît être en bois de noyer.

Il existe encore à la Bibliothèque Royale une deuxième planche faisant partie d'un autre *Donat* : elle n'est composée que de seize lignes, au lieu de vingt, insérées dans la planche dont je donne le *fac simile*. Il est visible qu'elle a été sciée par le bas; le rebord inférieur y manque : l'œil du caractère est plus net et plus gros que dans la première planche; il y a moins d'abréviations, et elles y sont d'une autre forme; les lignes sont moins longues; les *i* sont marqués par un trait perpendiculaire, au lieu d'être incliné à gauche, en forme d'accent grave, comme dans la planche composée de vingt lignes. J'ai déjà parlé de ces deux planches, pages 12 et 16; et c'est sur la foi de quelques écrivains que j'ai dit qu'elles appartenaient au *Donatus minor* publié par Guttemberg et Fust [1].

De nouvelles recherches et des renseignemens plus précis ont fixé mon attention sur l'origine de l'Imprimerie; et, malgré ce que j'ai avancé, je sens qu'il serait difficile de dire affirmativement à quel *Donat*, ou à quels *Donats*, ont servi les planches xilographiques dont je viens de parler. Il est constant

[1] On sait que ces deux planches ont été achetées en Allemagne par Foucault, conseiller d'État sous Louis XIV. Elles passèrent ensuite au président de Maisons, à Dufay, à Morand, au duc de La Vallière; on en voit des épreuves au tome II de son catalogue, ainsi que je l'ai déjà dit.

qu'avant l'invention de l'Imprimerie proprement dite on a sculpté beaucoup d'ouvrages de ce nom sur des planches de bois fixes, soit en Hollande, soit en Allemagne, soit en Belgique. Méerman en décrit trois dans ses *Origines typographicæ*, tom. II. Il attribue le troisième aux héritiers de Laurent Coster, et soutient que les deux premiers ont été imprimés en caractères mobiles de bois, par Coster lui-même. Ces trois *Donats* sont in-4°, et sans date; et cependant il les dit exécutés entre 1430 et 1440.

Panzer, dans le tome II de ses *Annal. typograph. Norimbergæ*, indique aussi trois *Donats*, qu'il croit de Mayence. Il comprend dans ce nombre, 1° celui dont les planches en bois sont déposées à la Bibliothéque Royale; c'est-à-dire qu'il pense que ces planches, quoique la gravure ne paraisse pas être la même, ont servi au même ouvrage; 2° un autre dont les caractères sont semblables à ceux de la Bible sans date, dont j'ai parlé page 21, et dont on trouve trois lignes à la planche A, placée à la fin de ce Manuel; 3° un qui se rapproche de la Bible de 1462, et des *Offices de Cicéron* imprimés en 1465, du moins quant aux lettres majuscules.

Fischer, bibliothécaire à Mayence, dans son *Essai sur les Monumens typographiques de Jean de Guttemberg*, page 67, n'a pu se dépouiller aussi des préventions nationales : *tous* les *Donats* qu'il a vus, il les attribue à son illustre compatriote *seul*.

Prosper Marchand, dans son *Histoire de l'origine et des progrès de l'Imprimerie*, dit que Guttemberg, aidé de Meydenbach et de Fust, gravait des lettres à rebours et en relief sur des planches de bois, et que c'est de cette manière que, peu de temps avant 1450, ils imprimèrent un *Abécédaire*, un *Donat*, et même un *Catholicon*.

Zapf attribue à Fust un *Donat* en caractères mobiles de fonte, que Fischer soutient encore appartenir à Guttemberg.

« Il paraît certain que l'on a publié quelques éditions de *Donat* en caractères « mobiles de bois, taillés à la main, ou détachés des planches solides. Il est de « fait qu'à la naissance de la Typographie on en a imprimé une grande quantité « en caractères mobiles fondus. Mais quels sont les artistes qui nous ont laissé « des éditions tabellaires ou xilographiques de ces *Donats?* Quel est le lieu où « elles ont été exécutées? Les Bataves, prévenus, ne contemplent dans ces « *Donats* que Coster et Harlem... Les Germains, passionnés pour leur patrie, « n'y admirent que Guttemberg et Mayence. Les bibliographes, partagés entre « ces deux opinions, ne sortent point de ce cercle.

« Où est donc le titre primitif sur lequel ces deux systèmes sont fondés? « Nulle part jusqu'à présent. Existe-t-il un prototype évident d'un *Donat* de « Guttemberg ou de Coster, avec lequel on puisse confronter les *Donats* in- « connus? Aucun. Il est donc absurde de prononcer que tel *Donat* appartient

« à Mayence, et tel autre à Harlem ; il est même injuste de n'en accorder aucun
« à l'association de Fust et Schoeffer. » (LAMBINET, *Origine de l'Imprimerie.*)

M. Daunou s'exprime ainsi dans son écrit, si savamment et si profondément
médité (*Analyse des opinions diverses sur l'origine de l'Imprimerie*) : « Nous
« dirons que parmi les *Donats* sans date, quelques-uns sont probablement sortis
« des presses de Guttemberg entre 1445 et 1450 ; mais dans ces premiers *Donats*
« de Mayence nous ne verrons que des impressions xilographiques, aussi bien
« que dans ceux qui paraissent avoir été publiés auparavant en Hollande, et
« spécialement à Harlem. »

La digression à laquelle je viens d'être obligé de me livrer au sujet des
Donats, ayant interrompu mes observations sur les lettres de forme, je m'empresse d'y revenir.

Ces lettres de forme, les Anglais les appellent *black letters*; les Italiens les
désignent sous le titre de *lettere francese*; les Flamands, sous celui de *lettres
Saint-Pierre*; et la plupart des autres peuples les nomment *caractères allemands,
hollandais* ou *flamands*, attendu que ce genre de lettres est devenu propre à
ces trois nations, qui en ont adouci les angles et les pointes, et ont changé
quelque chose dans la figure des capitales; ce qui a fait donner à ces caractères,
à l'allemand surtout, le nom de *demi-gothique.* Voici un modèle de ce dernier :

MAJUSCULES.

ABCDEFGHIKLMNOPQRSTUVWXYZ.

MINUSCULES.

a b c d e f g h i j k l m n o p q r s t u v w x y z.

Les premiers imprimeurs qui se rendirent à Paris en 1470, et dont j'ai déjà
parlé page 34, n'y apportèrent pas d'autres caractères que ceux dont on se
servait alors en Allemagne, et que dans ce pays on nommait *mänchsschrift.*

Lorsque, à la même époque, Robert Turnour et Caxton apportèrent de la
Hollande l'Imprimerie en Angleterre [1], ils n'avaient non plus d'autre caractère

---

[1] Le moyen que l'Angleterre employa pour acquérir la connaissance de l'Imprimerie est assez
curieux. Le fait est raconté dans un manuscrit anglais, dont Atkins a publié un fragment, et
rapporté par M. Daunou, dans son *Analyse des opinions diverses sur l'origine de l'Imprimerie.*
Je copie :

« On lit que Thomas Bourchier, archevêque de Cantorbéry, détermina Henri VI à introduire

que le gothique, ou lettres de forme, le seul employé pendant les quarante
années qui suivirent l'origine de l'Imprimerie.

Mais la plupart des imprimeurs qui existaient vers la fin du quinzième siècle
n'ont fait usage dans leurs éditions que des *lettres de somme*, presque entièrement dégagées des angles et des pointes que l'on remarque dans les lettres
de forme.

Voici un modèle du corps unique de ce caractère :

MAJUSCULES.

A B C D E F G H J K L M N O P Q R S T U X Y Z.

MINUSCULES.

a b c d e f g h i k l m n o p q r s t u v x y z.

Ces lettres de somme, beaucoup plus petites que les lettres de forme, et dont
on ne se servait guère que pour les livres d'école, furent ainsi nommées, parce
qu'elles servirent à imprimer *la Somme* de saint Thomas d'Aquin. On sait que,
dans la langue ancienne, *somme* veut dire un livre qui traite en abrégé de
toutes les parties d'une science, d'une doctrine, etc.

L'écriture la plus en usage en France et en Allemagne, aux quatorzième et
quinzième siècles, se nommait *bâtarde*, que l'on appelle maintenant *bâtarde
ancienne*. Elle était ainsi nommée, parce qu'elle dérive de la gothique. Les
majuscules de ce caractère se nommaient *cadeaux*, comme celles des lettres de
forme [1] et de somme. Ce fut un Allemand nommé Heilman, demeurant à Paris,

---

« l'Imprimerie en Angleterre. Il s'agissait de séduire un ouvrier de la ville de Harlem, où Jean
« Guttemberg venait d'inventer cet art. Il fallut 1,000 marcs d'argent : l'archevêque en fournit 30,
« et le roi trouva le reste. On dépêcha Robert Turnour et Caxton. Ils eurent besoin de précau-
« tions extrêmes, car on avait déjà empoisonné à Harlem plusieurs étrangers qui y étaient venus
« avec une mission pareille. Turnour s'y introduisit masqué : pour Caxton, qui faisait un grand
« commerce avec les Hollandais, il se fit voir à son ordinaire. Après avoir passé quelque temps
« à Harlem, Turnour écrivit à Henri VI que l'affaire était fort avancée; mais qu'il était cependant
« indispensable d'envoyer encore 500 marcs d'argent. Enfin, tant fut procédé, qu'un ouvrier fort
« habile, nommé Corsel ou Corselis, changea d'habit, se glissa hors de la ville, s'embarqua avec
« les deux embaucheurs, et vint fonder une imprimerie à Oxford. »

[1] Je dois relever ici une erreur dans laquelle sont tombées quelques personnes, et même des
imprimeurs, qui confondent les *capitales* avec les *majuscules* d'un caractère quelconque. Les capitales sont les grandes lettres dont on se sert pour commencer un chapitre, et que l'on a désignées
successivement sous les noms de *lettres tourneures*, *grandes lettres montantes ornées*, et enfin,

rue Saint-Jean-de-Latran, qui en fit les premiers poinçons, vers l'an 1490. En voici l'alphabet :

MAJUSCULES.

MINUSCULES.

A la *bâtarde ancienne* succéda la *cursive française*. Nicolas Granjon, graveur français, fit les premiers poinçons de ce caractère à Lyon, en 1556. Le Roi lui accorda pour récompense le privilége de s'en servir seul pendant dix ans.

Le premier ouvrage imprimé avec la *cursive française* est la *civilité puérile et honnête*, 1 vol. in-8°, qui parut aussi en 1556. On met encore aujourd'hui ce livre dans les mains des enfans, pour les préparer à la lecture des vieux manuscrits. En voici l'alphabet :

MAJUSCULES.

MINUSCULES.

Le caractère d'écriture que je donne ci-après est une espèce de *bâtarde* sortie du burin de M. Firmin Didot, mais que l'on ne peut considérer, d'après les pointes dont il est hérissé, que comme un caractère *gothique orné,* ou de fantaisie. On regrette que M. Didot n'ait point fait de majuscules (des cadeaux)

lettres montantes, ou *de deux points,* qui sont celles que nous employons aujourd'hui pour le même usage; les *majuscules* sont celles que l'on emploie dans le discours avec les *minuscules.* C'est par corruption que l'on dit en imprimerie, pour distinguer les lettres du bas de casse d'avec celles du haut, *capitales, petites capitales,* et *lettres du bas de casse;* on devrait dire, selon moi, *majuscules, petites majuscules* et *minuscules.*

pour cette sorte de caractère, et que l'on soit obligé d'employer les capitales à cet usage; ce qui devient impraticable dans le discours.

Voici ces capitales; elles sont empruntées du caractère d'écriture allemand :

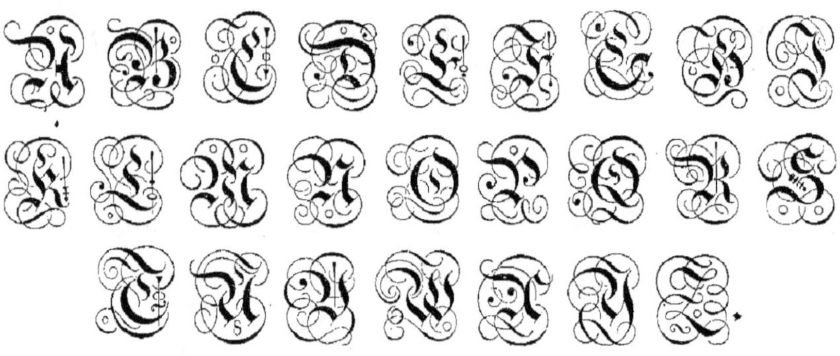

Nous reviendrons plus tard sur les caractères d'écriture. Continuons l'historique des caractères typographiques.

C'est à un Français, nommé Nicolas Jenson, que l'Imprimerie est redevable des caractères dont elle se sert aujourd'hui, et qui sont devenus européens. Jenson était graveur des monnaies à Tours. Ayant été envoyé à Mayence par ordre du Roi[1], pour apprendre *le nouvel art par lequel on faisait des livres*, il s'acquitta de cette commission en homme intelligent. Mais, après avoir été instruit dans l'art d'imprimer à l'école de Fust et de Schoeffer, Jenson, au lieu de revenir en France, porta ses talens à Venise. C'est là qu'il détermina les proportions du caractère romain, A a, B b, C c, etc. Il forma ce caractère des capitales latines, qui servirent de majuscules; il prit les minuscules des autres lettres latines, espagnoles, lombardes, saxonnes, carolines, qui se ressemblaient beaucoup. Il apprécia la figure de ces minuscules, en leur donnant une forme simple et gracieuse.

Ce caractère fut appelé *romain* ou *antique*, à cause qu'il tirait son origine de l'ancienne écriture romaine. Dans les anciennes épreuves des caractères italiens, ce caractère est nommé *lettera antigua ronda*, parce qu'il était plus rond que le caractère allongé demi-gothique. En Italie il porte encore le nom

---

[1] *Voyez* la note ci-après, pour la date de cette époque.

d'*antico*; en Hollande on l'appelle *romeyn*, en Angleterre, *roman*, et en France, *romain* ou bien *droit*, à cause de sa position verticale.

Un livre ayant pour titre *Decor Puellarum*, formant un vol. in-4° de 225 pages, en fut le premier fruit '.

Jenson, tout à la fois graveur, fondeur et imprimeur, c'est-à-dire typographe dans le sens de Fournier, qui prétend qu'il faut réunir ces trois professions

---

' Ici les savans biographes Fournier jeune et Jansen sont tombés dans une contradiction manifeste entre eux, et avec plusieurs auteurs que j'ai consultés. Le premier dit, dans son *Manuel typographique*, tome II, page 261, que Nicolas Jenson fut envoyé à Mayence par Louis XI; qu'en 1460 il se retira à Venise; et qu'en 1461 il publia dans cette ville, avec les caractères qu'il venait d'y créer, un livre intitulé *Decor Puellarum*. M. Jansen (*Essai sur l'origine de la Gravure*, tome II, page 44) dit, au contraire, que Jenson fut envoyé à Mayence par Charles VI. Cette erreur est facile à démontrer, puisque ce monarque mourut en 1422, et que l'art d'imprimer ne fut connu réellement qu'en 1440.

Quant à la version de Fournier, elle est impossible d'après son raisonnement, puisque Louis XI ne monta sur le trône qu'au mois de juillet 1461. Le temps qu'il fallut à Jenson pour aller apprendre à Mayence *le nouvel art de faire des livres*, celui qu'il dut employer à rassembler les ustensiles nécessaires à l'exploitation d'une typographie, son voyage de Mayence à Venise, la formation de son établissement dans cette principale ville de l'Italie, les soins qu'exigèrent la perfection des caractères romains, le temps qu'il mit à l'impression du *Decor Puellarum*, ne lui auraient pas permis de publier cet ouvrage en 1461.

Plusieurs auteurs, en disant qu'il y a un x de moins dans la date de ce volume, et qu'il faut lire 1471 au lieu de 1461, assurent que Jenson ne quitta Mayence qu'en 1462, lorsqu'Adolphe de Nassau fit le siége de cette ville; qu'il se rendit à Strasbourg, où il séjourna plus de deux ans, afin de se perfectionner dans l'art d'imprimer; qu'il ne revint pas dans sa patrie, à cause des déchiremens qu'elle éprouva en 1464 et 1465, par la ligue des mécontens, appelée *Ligue du bien public*, fléau politique auquel succéda la peste; et que ce ne fut qu'à cette époque qu'il quitta l'Allemagne avec Conrad Sweynheim et Arnold Pannartz pour se rendre en Italie.

Ces mêmes auteurs soutiennent qu'on ne connaissait point d'imprimerie en Italie avant 1465. J'avais moi-même partagé cette opinion, ainsi qu'on l'a vu page 30. C'est aux soins vigilans et à l'amitié de M. Charles Nodier, conservateur de la Bibliothèque dite de MONSIEUR, à l'Arsenal, et l'un des hommes les plus instruits de France, que je dois l'analyse d'un ouvrage italien dans lequel il est prouvé, d'une manière péremptoire, qu'en suivant le rapport de ces auteurs, j'avais commis une erreur que je m'empresse de réparer.

Ce n'est ni sous Charles VI ni sous Louis XI que Jenson fit le voyage d'Allemagne, mais bien sous le règne de Charles VII, ainsi qu'on le voit dans l'ouvrage analysé par M. Nodier.

On lit dans ce même ouvrage que M. Mariette, savant libraire, qui a écrit sur l'histoire des graveurs et des fondeurs de caractères, a découvert un manuscrit ancien contenant l'empreinte des coins de la monnaie de Charles VII, roi de France. Sur la première feuille était une note de main ancienne, à la date de 1458, qui annonçait que ce monarque ayant eu connaissance de la découverte du *nouvel art d'imprimer les livres*, alors exercé à Mayence, avait ordonné aux inspecteurs des monnaies de lui indiquer la personne la plus intelligente qui fût capable d'aller prendre connaissance de cet art, et qu'ils lui indiquèrent Nicolas Jenson, jeune homme d'une grande habileté dans la gravure, et alors directeur de la monnaie de Tours, qui, en effet, fut envoyé à Mayence sur-le-champ. Cette note est rapportée par plusieurs biographes français.

M. de Boze découvrit aussi, dans un autre livre relatif à l'histoire des monnaies depuis Philippe-

pour mériter un pareil titre, publia en 1470 l'*Usebium Pamphili evangelica Præparatione* (Préparation évangélique). Cet ouvrage, de format in-folio, imprimé sur vélin avec un caractère que nous nommons aujourd'hui *gros-romain*, faisait partie de la Bibliothéque de l'abbaye Saint-Germain; il est maintenant à la Bibliothéque Royale, et pourrait passer, même de nos jours, pour un chef-d'œuvre de typographie : l'impression en est parfaite, d'une égale couleur, et d'une netteté sans exemple; les lettres, un peu maigres et allongées, ressemblent à celles dont on se servait encore au commencement du dix-septième siècle.

Jenson publia également en 1470 les *Épîtres de Cicéron*, d'après l'édition de Jean, de Spire; et, en 1471, une édition de *Quintilien;* de plus, un ouvrage sous

Auguste jusqu'à Louis XI, successeur de Charles VII, une note pareille, mais augmentée de cette circonstance particulière, que Jenson, au lieu de revenir en France après avoir appris l'art de l'Imprimerie à Mayence, était allé s'établir ailleurs.

Marin Sanuti, dans son *Histoire des Doges de Venise*, cite plusieurs fois Jenson comme le fondateur de l'Imprimerie en Italie, où, par conséquent, il aurait devancé Sweynheim et Pannartz, qui n'allèrent s'établir à Rome qu'en 1465.

Marc-Antoine Sabellicus, dans son *Histoire de la République de Venise*, liv. IV, considère comme la circonstance la plus heureuse du règne du doge Pascal Malipieri l'introduction de l'Imprimerie à Venise par Nicolas Jenson : or, Pascal Malipieri mourut le 9 mai 1462.

Il est à remarquer que Sabellicus était Romain d'adoption; qu'il avait habité Rome jusqu'en 1475; qu'il avait été l'élève de Domitius et de Pomponius Letus, correcteurs des premières impressions romaines; qu'il composa son Histoire de Venise sur les documens originaux des archives publiques; qu'elle fut imprimée en 1487, c'est-à-dire à une époque très-rapprochée de l'introduction de l'Imprimerie en Italie, et qu'ayant à faire deux fois mention de cette époque mémorable, il ne parle nullement de Sweynheim et de Pannartz, ni d'Ulric Han, leur émule, dont il avait vu s'établir les presses à Rome.

Il existe dans les archives du sénat de Venise un décret du 18 septembre 1469, où il est fait mention de l'art d'imprimer comme d'une chose déjà ancienne et vulgaire.

Jenson était si bien reconnu comme le fondateur de l'art en Italie, que Sixte IV lui conféra en 1474 la dignité de comte palatin; tandis que le même pontife laissait languir dans la misère les prétendus fondateurs Sweynheim et Pannartz. Les distinctions de la noblesse ne furent accordées qu'à ceux qui firent preuve d'avoir créé ou perfectionné ce bel art, Guttemberg, Mentel et Schoeffer. Cette circonstance est encore tout à l'avantage de Jenson.

Voilà les raisonnemens convaincans que M. Charles Nodier a puisés dans les diverses annales de l'Italie, réduites et rapportées dans l'ouvrage dont j'ai parlé.

Il est probable, d'après ces raisonnemens, que ce fut en 1458 que Jenson se rendit à Mayence; que c'est la mort de Charles VII, arrivée en 1461, qui dérangea ses projets, et l'empêcha de revenir en France, où, huit ans après, vinrent s'établir Ulric Géring, Martin Krantz et Michel Friburget.

Fournier explique le silence qu'auraient gardé les presses de Jenson depuis 1461 jusqu'en 1471, en disant que ce typographe ayant trouvé un grand bénéfice à fournir des caractères pour les imprimeries de Venise et de Rome, cessa d'imprimer pour se livrer exclusivement à la gravure, et ne reprit l'impression qu'en 1470. Cela démontre clairement l'erreur dans laquelle sont tombés ceux qui croient que Jenson ne parut à Venise qu'en 1465, et que le premier ouvrage imprimé par lui (le *Decor Puellarum*) ne fut publié qu'en 1471.

ce titre, *Luctus Christianorum ex passione Christi*. Il imprima aussi, la même année, un petit livre in-4° en italien, intitulé *Gloria Mulierum*, qui paraît être une suite naturelle du *Decor Puellarum;* d'où provient peut-être l'erreur dans laquelle sont tombés les bibliographes. Tous ces ouvrages furent imprimés avec les caractères *romains droits* que Jenson avait inventés.

Des trois artistes venus d'Allemagne pour propager l'Imprimerie en France, Ulric Géring fut le seul qui, après avoir exercé cet art à Paris pendant quarante ans, eut la satisfaction de le voir établi et pratiqué par un grand nombre de ses élèves; il mourut le 23 août 1510. Il n'employa jamais d'autres caractères que les gothiques semblables à ceux qu'il avait apportés d'Allemagne.

Ce fut Josse Badius, l'un des plus célèbres imprimeurs de la capitale, qui, en 1501, introduisit le caractère *romain droit* dans l'Imprimerie de France.

Un ouvrage ayant pour titre *Naviculta stultarum Mulierum*, et dont Josse Badius est l'auteur, fut le premier que cet habile typographe imprima avec le caractère *romain droit*. Cet ouvrage, de format in-4°, fut traduit depuis en français par J. Droyn.

C'est aussi à Venise que le caractère penché (*l'italique*) prit naissance, d'après l'écriture romaine ordinaire de la chancellerie, *cancellaresca romana cursiva*. Ce caractère fut créé pour varier les différentes parties des impressions; ce qu'on avait été obligé de faire jusqu'alors en se servant du *demi-gothique*.

Voici un exemple de ce caractère primitif:

MAJUSCULES.

AABBCCDDEEFGGHIJJKL MM NN OPPQQRRSTTUUVXYZZ

MINUSCULES.

abcdefghijklmnopqrſstuvxyz

Les Italiens ont donné à ce caractère le nom de *corsivi;* les Allemands l'appellent *corsivo, cursiv, curcyf:* en France, on le désigna d'abord sous le nom de *lettres vénitiennes,* parce que les poinçons en furent faits à Venise; *aldines,* parce qu'Alde Manuce en fut l'inventeur: ce caractère fut dans la suite nommé *penché,* à cause de sa position oblique; mais le nom d'*italique* a prévalu, parce qu'il vient d'Italie.

Alde Manuce fit graver ce caractère par Francesco de Bologne en 1501; il obtint un privilége exclusif de dix ans, que le doge de Venise lui accorda en 1502, et dans lequel ces caractères sont appelés *cursivi et cancellarii; ut scripti calamo esse videantur.*

On se servit bientôt de l'*italique* pour imprimer des livres entiers, quoique ce ne fût pas sa destination. Les OEuvres d'Horace [1] et de Virgile [2] furent les deux premiers ouvrages imprimés avec ce caractère par Alde Manuce.

Simon de Colines, qui hérita de l'imprimerie de Henri Étienne en épousant sa veuve en 1521, fut celui des imprimeurs français qui employa pour la première fois des caractères *cursifs* ou *italiques*, imités d'Alde Manuce par Garamond. Ces caractères, avec lesquels on imprima aussi en France des ouvrages entiers, restèrent en usage jusqu'au milieu du seizième siècle, époque où parut la *cursive française*, dont j'ai parlé page 55.

DES CARACTÈRES GRECS ET HÉBRAÏQUES.

La Typographie était encore au berceau lorsqu'on reconnut la nécessité de présenter aux yeux des érudits les caractères grecs. C'est aux créateurs de l'Imprimerie que nous devons encore cette invention.

En 1465 Schoeffer et Fust publièrent une édition des *Offices de Cicéron* avec les paradoxes, en tête desquels on voit la proposition grecque grossièrement formée à la vérité, mais composée cependant d'une manière quelquefois correcte.

Les passages grecs du Lactance que Sweynheim et Pannartz publièrent à Rome en 1468, montrent plus d'habileté; mais on ne peut attribuer à ces imprimeurs le mérite d'avoir vaincu la difficulté.

Les nombreuses citations que l'on voit de ce caractère dans les *Nuits attiques d'Aulu-Gelle*, ouvrage également imprimé à Rome en 1469 par P. Maximis; la *Batrachomiomachia* d'Homère, imprimée à Venise en 1488; les OEuvres complètes de ce poëte sublime, publiées à Florence la même année, laissaient encore beaucoup à désirer. Tous les caractères grecs employés jusqu'à cette époque furent effacés par les éditions que les Aldes donnèrent à Venise et à Rome en 1496 et années suivantes.

« Mais, ni Giunti à Florence, ni le grand Alde à Venise, ni Calliergo à Rome;

---

[1] In-8° de 143 feuillets, titres compris (1501).

[2] In-8° de 228 feuillets (1501).

Les éditions de ces deux ouvrages ont été imitées à Lyon en 1502: elles ont été calquées page pour page et ligne pour ligne; mais les bibliographes signalent dans ces éditions imitées des fautes qui ne permettent pas de les confondre avec les éditions originales.

« enfin aucun de ceux, dit le savant Bodoni [1], qui s'efforcèrent à cette époque
« de faire passer dans leurs types la correction et la rapidité de l'écriture
« grecque, ne parvinrent à en reproduire l'élégance et la grâce.

« L'habile artiste parisien Claude Garamond se distingua principalement,
« parce qu'il donna le premier à cette espèce de caractère autant de charme et
« d'agrément qu'on en remarque dans les éditions des Stefani, des Turnebi et
« des Morelli [2]. »

Claude Garamond grava, par ordre de François Ier, les trois sortes de caractères grecs dont Robert Étienne fit usage dans ses belles éditions du *Nouveau Testament* [3]. En voici un exemple :

ΠΑΤΗΡ ΗΜΩΝ, ὁ ἐν τοῖς ὀυρανοῖς, ἁγιασθήτω τὸ ὄνομά σου· ἐλθέτω ἡ βασιλεία σου, γενηθήτω τὸ θέλημά σου, ὡς ἐν ὀυρανῷ, κ̀ ἐπὶ τῆς γῆς.

Il est à remarquer que c'est précisément dans l'année 1476, à peu près l'époque à laquelle parurent les premiers ouvrages grecs, qu'on imprima les premiers livres hébreux. C'est ce que nous apprend l'illustre abbé de Rossy, dans son *Typographiæ Hebræo-Ferrariensi*. On trouve plusieurs mots hébreux imprimés avec le texte latin dans le *Tractatus contra perfidiam Judæorum*, publié à Eslingen en 1475.

Ce fut Abraham fils, de Chajim, qui, après avoir pris part aux premières éditions hébraïques imprimées à Mantoue et à Ferrare en 1476, avec les lettres seules [4], compléta les caractères de cette langue, en imprimant à Bologne, en 1482, avec les points et les accens, le *Pentateuque*, et en 1488, à Soncino, la fameuse Bible hébraïque qui porte cette date.

Gilles Gourmond, que plusieurs écrivains confondent avec Garamond, est le premier typographe de Paris qui ait gravé et fait usage des caractères hébraïques : il les employa pour la première fois en 1508, à l'impression d'une grammaire in-4° de cette langue.

Le savant académicien Joseph de Guignes, mort en 1800, a publié (in-4°, 1787) un *Essai historique sur la Typographie orientale et grecque, et Principes de*

----

[1] Dans son *Manuel typographique*.

[2] Célèbres typographes d'Italie.

[3] Ces types grecs furent gravés d'après les caractères employés par le savant calligraphe Vergèce, dans la copie qu'il fit du *Cynegeticon*, ou poëme de la chasse par Oppien, par ordre de Henri II encore dauphin. Ce manuscrit précieux se trouve à la Bibliothéque Royale ; il avait été donné par François Ier à Diane de Poitiers.

[4] Ces éditions étaient *le premier et le second des quatre Ordres de la Jurisprudence rabbinique de Jacob, fils d'Ascer.*

composition typographique (in-4°, 1790). Ces deux ouvrages sont très-utiles pour diriger un compositeur dans la manutention des caractères orientaux.

SUITE DE L'HISTOIRE DES CARACTÈRES FRANÇAIS.

« La France a été, si j'ose m'exprimer ainsi, dit Fournier, la mère nourrice « de presque toutes les anciennes fonderies de l'Europe : c'est des mains de ses « artistes que sont sorties les plus grandes et les plus précieuses productions qui « ont servi à les former dans leur origine. »

La plus ancienne fonderie de France est la fonderie royale, établie par François Ier, et dont Tissard fut d'abord directeur.

Vers l'an 1520, Claude Garamond, successeur de Tissard, avait déjà purgé les caractères de tout ce qui leur restait de gothique, et gravé, d'après les types vénitiens établis par Nicolas Jenson et par Alde Manuce, les caractères *romains* et *italiques* qui servirent de modèle à Guillaume Le Bé et à Jacques Sanlecque, dont j'aurai occasion.de parler plus tard.

Les caractères gothiques se réfugièrent alors en Allemagne, en Hollande, en Flandre, où ils ne diffèrent encore aujourd'hui que par leurs formes plus ou moins grossières, plus ou moins carrées ou angulaires, dans les minuscules, ainsi qu'on l'a vu par les modèles que j'ai donnés plus haut.

Les caractères de Garamond se multiplièrent considérablement par le grand nombre qu'il en fit, par les matrices qu'il envoya dans les pays étrangers, et par les poinçons qui en furent imités. Parmi les imitations qui parurent en Italie, en Allemagne, en Angleterre, et même en Hollande, on eut grand soin d'ajouter à chaque nom de caractère celui de Garamond, pour les distinguer de tous les autres; et le *petit-romain* par excellence était connu dans ces pays sous le nom seul de *garamond*.

Nous devons dire, à la gloire de notre patrie, que les Elzevirs usèrent presque uniquement des caractères de Garamond; pendant long-temps même la plupart des imprimeurs d'Europe n'employèrent que des caractères sortis des fonderies de Paris. Garamond mourut en 1561.

Vers l'an 1578, Robert Granjon, élève de Garamond, et que j'ai déjà cité pour avoir donné la *cursive française,* alla établir une fonderie à Rome dans le palais du.Vatican, où il fut appelé par le pape Grégoire XIII. Il travailla, sous les ordres du cardinal de Médicis, à plusieurs caractères *romains droits,* latins, arabes, syriaques, arméniens, illyriens et moscovites, avec lesquels on imprima ou l'on réimprima presque tous les ouvrages des anciens.

Guillaume Le Bé, graveur et fondeur habile, vivait du temps de Garamond; sa fonderie date de 1552. Mais tous les efforts de cet artiste ne pouvant parvenir qu'à le mettre quelquefois en rivalité avec son illustre contemporain, il prit le parti d'acquérir à la mort de ce dernier une grande partie de ses poinçons et de ses matrices.

Le Bé fit néanmoins un élève, qui en 1590 jouissait de la plus grande célébrité : on le nommait Jacques Sanlecque. Ce fut lui qui grava les caractères pour la fameuse Polyglotte de Le Jai, imprimée par Vitré, et dont j'ai déjà parlé page 38 [1].

La fonderie de Sanlecque passa à son fils Louis, puis à son petit-fils Louis-Eustache, qui la conduisait encore vers la fin du dix-septième siècle.

Guillaume Le Bé, fils aîné, succéda à son père. Il augmenta le nombre des poinçons, fit faire quelques pas à l'art de la gravure, et donna une grande réputation à sa fonderie, qui passa à son frère, troisième du nom, puis à la veuve de ce dernier, morte en 1707.

SUITE DES CARACTÈRES D'ÉCRITURE.

En 1640, Pierre Moreau, maître écrivain, puis imprimeur à Paris, fit faire les poinçons d'une écriture *ronde*. Il en présenta et dédia les épreuves à Louis XIII, qui lui donna pour récompense le titre de son imprimeur ordinaire. Moreau joignit à cette *ronde* une *bâtarde brisée*, qu'il avait précédemment inventée.

Ces deux sortes de caractères d'écriture, dont l'usage était devenu général, et que Moreau fit fondre sur trois corps, servirent, en 1643, à imprimer l'*Imitation de Jésus-Christ*, de Thomas à-Kempis, in-fol.; les *Saintes Métamorphoses*, in-4°, en 1644, temps où ces lettres furent déjà connues sous le nom de *lettres financières;* et, en 1648, le *Virgile*, in-4°. Il employa dans ce dernier ouvrage la plus grande *bâtarde* pour le texte latin ; la *bâtarde* moyenne pour la traduction française, et la plus petite pour les notes marginales : il se servit de la *ronde* pour le privilége.

[1] Cette impression dura dix-sept ans, c'est-à-dire de 1628 à 1645. Les poinçons de ces caractères, selon quelques auteurs, et les caractères seulement, selon d'autres, furent détruits par Vitré, afin que personne ne pût imprimer ce fameux ouvrage après lui. Cette assertion est démentie, en ce qui concerne les poinçons, par le savant académicien de Guignes, dans son recueil ayant pour titre *Notice des manuscrits de la Bibliothèque du Roi.* Il assure qu'ils ont été retrouvés, sans dire néanmoins d'une manière positive ce qu'ils sont devenus. Au reste, il existait en France des caractères orientaux avant l'impression de la Polyglotte; car un traité conclu entre Henri IV et le sultan Achmet, en 1604, fut imprimé à Paris en turc et en français, *de l'Imprimerie des langues orientales, arabique, turquesque, persique*, etc.; ce qui prouve qu'il y avait alors à Paris des caractères arabes, turcs, persans, et autres.

Ce traité est surtout remarquable par l'article IV, dans lequel il est dit que toutes les nations commerçantes, y compris les Anglais, pourront commercer librement sous la bannière et sous la protection de la France, et sous l'obéissance des consuls français.

Exemple de la Bâtarde brisée.

MAJUSCULES.

MINUSCULES.

La *bâtarde* et la *ronde* de Moreau furent retouchées en 1721 par Jacques Colombat, graveur et imprimeur du Roi. Cet habile typographe publia en même temps, avec ces mêmes caractères embellis, un *Mémoire concernant les tailles*, par M. Aubar.

Vers le milieu du dix-huitième siècle, le célèbre Fournier introduisit en France, sous le nom générique de *financière*, trois sortes de caractères d'écriture, savoir, la *ronde*, la *bâtarde* et la *coulée* [1].

Gando, graveur-fondeur, contemporain de Fournier, imita ces caractères.

Luce, fondeur du Roi, donna quelques éclaircissemens à ce sujet dans les observations qu'il fit sur ses épreuves des *financières* en 1771 : « L'écriture « *ronde*, dit-il, que toute l'Europe nomme *écriture française*, est la plus belle « de toutes les écritures, et la plus agréable à lire; elle n'est, à proprement « parler qu'une *gothique* simplifiée par les célèbres écrivains du règne de « Louis XIV, qui en ont arrondi tous les angles, et rendu le coup d'œil plus « agréable. Elle a été fort en usage sur la fin du dernier siècle (le dix-septième); « mais comme il est difficile de la bien écrire, et qu'elle n'est pas assez coulante « pour l'expédition des bureaux, on a fait choix de la *bâtarde* et de la *coulée*, « qui s'écrivent plus facilement, réservant la *ronde* pour les ouvrages de marque; « ce qui prouve la distinction que nos habiles écrivains en ont fait, et en feront « dans tous les temps. »

Quelques autres graveurs habiles firent aussi paraître à cette époque des caractères d'écriture; on distingua surtout ceux de Gillé, fondeur du Roi,

---

[1] On trouve des modèles de ces caractères d'écriture dans le *Manuel typographique* de Fournier.

qui publia sous le titre de *financière* six corps différens dont le succès fut complet. En voici deux alphabets :

Ronde. — MAJUSCULES.

MINUSCULES.

Coulée. — MAJUSCULES.

MINUSCULES.

CARACTÈRES ROMAINS ET ITALIQUES MODERNES, POUR L'IMPRIMERIE ROYALE.

En 1693, Louis XIV ordonna de graver de nouveaux caractères pour l'Imprimerie Royale [1]. Philippe Grandjean, premier graveur du Roi, s'adjoignit pour ce travail Alexandre, son élève et son ami. Les caractères qui ont le plus assuré la réputation de ces deux artistes sont *le neuvième*, qui a servi à l'impression du Recueil des médailles de Louis XIV, et *le onzième*, avec lequel on a fait la préface de cet ouvrage.

Le but de l'ordonnance était de faire distinguer au premier coup d'œil les caractères de l'Imprimerie Royale d'avec ceux de toutes les imprimeries de France. MM. Jaugeon, Desbillettes et le P. Sébastien Truchet, de l'Académie

---

[1] C'est le cardinal de Richelieu qui établit au Louvre l'Imprimerie Royale sous Louis XIII. Les frais de cet établissement montèrent à trois cent soixante mille francs. Sublet des Noyers en fut le surintendant, Sébastien Cramoisy, le directeur, et Trichet-Dufrêne, le principal correcteur ou prote.

royale des sciences, furent chargés de fournir les modèles de cette sorte de caractère, qui fut nommé *romain du Roi*.

Alexandre et Grandjean, en imitant ce caractère de Garamond pour la forme de la lettre, crurent devoir y mettre des marques distinctives qui furent critiquées par tous les Typographes. Ces graveurs avaient chargé les lettres longues de traits horizontaux qui les défiguraient. Une l, par exemple, était tranchée haut et bas d'une ligne transversale ; de plus elle était flanquée d'un trait latéral dans le milieu. Tous ces petits arrêts multipliés heurtaient la vue et nuisaient à la netteté du coup d'œil, qui consiste principalement dans la simplicité.

La Fonderie Royale fut confiée à Grandjean, qui la dirigea jusqu'à sa mort, dans sa maison de la rue des Postes, depuis habitée par Fournier. Grandjean mourut en 1714, âgé de quarante-huit ans. Alexandre, qui lui succéda dans son titre et dans ses fonctions, suivit la Fonderie Royale au Louvre, où elle fut transportée en 1725, pour être réunie à l'Imprimerie et former une Typographie complète.

Alexandre eut pour successeur Luce, à qui nous devons le caractère désigné sous le nom de *perle*, plus petit que la *parisienne*.

Vers le milieu du dix-huitième siècle, Luce voulut faire quelques changemens aux types de Grandjean et d'Alexandre. Il remplaça, dans les nouvelles fontes de caractères qu'il fit pour l'Imprimerie du Louvre en 1732, le trait qui coupait obliquement l'extrémité d'en haut des lettres longues par un trait fin horizontal du côté gauche seulement, en laissant néanmoins l'ancien trait à l'extrémité d'en bas. Luce a donné des modèles de cette nouvelle espèce de caractères, ainsi que des autres, dans son *Essai d'une nouvelle Typographie*, 1 vol. in-4°, qui parut à Paris en 1771, et dont j'ai déjà eu occasion de parler à propos des caractères d'écriture.

Les caractères de Grandjean et d'Alexandre, retouchés par Luce, sont ceux dont on se sert encore communément à l'Imprimerie Royale pour l'impression des lois. En voici un modèle :

M. de Harlay, archevêque de Paris, étant informé que Louis XIV, qui devait venir à Notre-Dame pour une bénédiction de drapeaux, ne se souciait pas d'être *harangué,* se contenta de dire au Roi, lorsqu'il entra dans l'église au milieu des acclamations : *Sire, vous voyez que je suis le seul auquel Votre Majesté ferme la bouche.*

DE LA GRAVURE ET DE LA FONDERIE AU DIX-HUITIÈME SIÈCLE.

J'ai interrompu en quelque sorte la chronologie de ce récit typographique après la mort de la veuve Le Bé, afin de m'occuper des graveurs-fondeurs qui ont consacré leur burin à perfectionner les types de l'Imprimerie Royale, et à reproduire les divers genres de caractères d'écriture en usage au dix-septième siècle et au commencement du dix-huitième. Je vais reprendre maintenant le cours de ma narration historique au point où je l'ai quittée.

Le lecteur n'attend pas de moi, je pense, que, dans un ouvrage spécialement consacré à la science de l'Imprimerie, je lui donne une nomenclature sèche des noms de tous les graveurs et fondeurs qui ont paru en Europe depuis Schoeffer jusqu'à nos contemporains: il n'exige sans doute que des renseignemens exacts, des notions certaines, des principes fixes sur l'Art typographique, sur les hommes qui ont le plus contribué à ses progrès, et sur ceux qui ont introduit, propagé, illustré cet art en France. Je crois avoir rempli une partie de cette obligation dans mon *Histoire de l'Imprimerie*, et dans tout ce que renferme déjà ce TITRE DEUXIÈME. Je vais essayer de compléter ce récit, en me rapprochant succinctement de la fin du dix-huitième siècle, époque où la Typographie en France acquit de nouveaux titres de gloire, que trente années n'ont fait que consolider.

La veuve Le Bé, troisième du nom, morte en 1707, légua son établissement à quatre de ses filles, qui continuèrent à le conduire, sous la direction de Fournier père, pendant près de vingt-quatre ans. En 1730, cet établissement devint la propriété de Fournier aîné, frère de celui dont j'ai parlé plus haut, et que les Typographes ont si justement surnommé *l'artiste*.

Après la mort de Fournier aîné, cette fonderie demeura dans les mains de ses trois filles, qui la dirigèrent long-temps avec succès; mais, lors du décès de celle des trois sœurs qui avait toujours été à la tête de la maison, on vendit les poinçons, les matrices et les moules à divers fondeurs, et cet établissement fut détruit.

En 1736, Fournier jeune [1] entreprit de graver lui-même toute une fonderie. Il y travailla pendant vingt-huit ans; et les types qui sortirent du burin de cet

---

[1] Pierre-Simon Fournier naquit à Paris en 1712, et mourut dans la même ville le 8 octobre 1768. Aux talens d'habile fondeur et de typographe, il joignit l'érudition d'un savant consommé dans cette partie. Personne jusqu'à lui n'avait répandu plus de lumières et de vérité sur l'histoire et l'Art de l'Imprimerie. Il publia en 1737 la *Table des proportions qu'il faut observer entre les caractères pour déterminer leur hauteur et fixer leurs rapports.* En 1758 parurent ses *Dissertations sur l'origine et les progrès de l'Imprimerie et de la taille en bois*, deux parties in-8°, formant un volume. Son dernier ouvrage, ayant pour titre *Manuel typographique*, parut en 1764. J'ai parlé de cet ouvrage dans mon Avertissement.

artiste célèbre alimentèrent une grande partie des imprimeries de France : car il en était fort peu qui employassent alors d'autres caractères que ceux de Fournier. Les éditions publiées à cette époque, et avec ces mêmes caractères, sont encore très-recherchées.

Fournier a véritablement conservé dans ses caractères *romains* les belles formes des antiques caractères vénitiens : aussi fut-il préféré à tous les graveurs de son temps, jusqu'à ce que François-Ambroise Didot vint le surpasser en élégance et en beauté.

Jusqu'au milieu du dix-huitième siècle, on avait conservé dans les imprimeries les caractères *italiques* ordinaires, imités de ceux d'Alde Manuce par Garamond et ses successeurs. Fournier entreprit, en 1737, de donner à ces caractères une forme plus gracieuse, en ménageant des pleins et des déliés qui approchassent plus de notre belle écriture. Cet *italique* obtint la préférence sur tous ceux de cette époque ; mais Baskerville à Londres, Ibarra en Espagne, Bodoni à Parme, et François-Ambroise Didot à Paris, perfectionnèrent encore à tel point ce caractère, qu'il ne paraissait guère possible d'aller au-delà, si le dernier typographe que je viens de citer n'avait laissé des fils jaloux de marcher sur ses traces et de survivre à sa gloire.

Exemple des caractères de Fournier [1].

Henri IV étant fatigué de la grande retraite qu'il avait été obligé de faire pour venir au secours de CAMBRAY, et passant par Amiens, on vint lui faire une *harangue*. L'orateur la commença par les titres de « *très-grand, très-clément, très-magnanime*... Ajoutez aussi, dit le roi, *et très-las ; je vais me reposer, j'écouterai le reste une autre fois.* »

Fournier jeune ruina sa santé par son aptitude constante au travail ; il mourut à l'âge de cinquante-six ans. Son fils, qui lui succéda dans son établissement, n'ajouta rien à sa réputation. Les poinçons et les matrices de cette fonderie ayant été dispersés, elle n'existait plus au commencement du dix-neuvième siècle.

Les graveurs-fondeurs contemporains de Fournier jeune étaient Briquet, Lamesle, Capon, Colombat père et fils, qui en 1763 cédèrent à M. Hérissant. Les successeurs immédiats de ce grand artiste furent Gando et Gillé pères. Tous les caractères de ce dernier sont gravés d'après les modèles de Garamond et de Fournier.

[1] Ces caractères sont un peu arrondis par l'usure, et l'impression n'en paraît pas très-belle ; mais il nous a été impossible de nous en procurer de plus neufs, et nous avons été obligés de placer dans ce Manuel un modèle défectueux, qui, au surplus, ne peut être apprécié que par les véritables typographes.

Fagnon, vers la même époque, perfectionna plusieurs poinçons, dont il vendit des matrices et des moules aux fondeurs. Les caractères provenant des frappes de cet artiste se rencontrent encore dans les anciennes imprimeries.

Après ce temps, c'est-à-dire depuis environ 1760, l'art de la gravure demeura stationnaire, et l'on peut dire qu'il s'écoula au moins trente années sans que la France pût compter un graveur-fondeur digne de marcher sur les traces de Gando et de Gillé pères; ce qui facilita parmi nous l'introduction des caractères de Baskerville, beaucoup plus allongés et moins bien finis que ceux que produit aujourd'hui l'Angleterre, et qui, sous tous les rapports, sont dignes de rivaliser avec quelques-uns de ceux de nos plus grands maîtres.

Caractères de Baskerville.

MAJUSCULES ROMAINES.

A B C D E F G H I J K L M N O P Q R S T U V X
Y Z Æ Œ W.

MINUSCULES ROMAINES.

La considération naît des relations personnelles : elle est une suite
de l'estime et du devoir.

MAJUSCULES ITALIQUES.

*A B C D E F G H I K K L M N O P Q R S T U V X
Y Z Æ Œ W.*

MINUSCULES ITALIQUES.

Jésus est mort sur l'arbre de la Croix pour nous racheter.

Les caractères de Garamond, tant *romains* qu'*italiques*, ceux de tous les graveurs qui lui ont succédé en France jusqu'à Fournier jeune, ainsi que ceux de Gando et de Gillé pères, sont presque tous d'une coupe maigre et allongée.

François-Ambroise Didot, vers la fin du dix-huitième siècle, avait commencé à donner aux caractères typographiques ces proportions exactes, cette coupe franche et décidée qui les distinguait de tous ceux qui avaient paru jusque alors. Mais ce fut M. Wafflard qui leur donna un peu plus de rondeur et de plein, et qui établit une différence sensible entre ses caractères et ceux de tous les graveurs-fondeurs qui l'avaient précédé.

Exemple des caractères de M. Wafflard [1].

Frappez souvent une chose, quelque léger que soit le coup, le temps lui donnera de l'effet, et ce que vous aurez voulu détruire tombera enfin. *Les gouttes
d'eau cavent à la longue le rocher sur lequel elles tombent.*

Outre une fonte tout entière d'après l'ancienne nomenclature [2], nous devons
à M. Wafflard [3] une *cursive française,* qui a remplacé avantageusement celles
de Granjon et de Fournier.

M. Gando, fils de l'habile graveur-fondeur dont j'ai parlé plus haut, est celui
qui, vers l'année 1790, approchait le plus des talens de M. Wafflard. La Typographie est redevable à cet artiste d'un caractère sur le corps de la *perle,* qu'il
nomme *sans-pareille.*

A cette même époque, Bodoni jouissait de toute sa gloire en Italie. Voici un
échantillon de la coupe des caractères de ce savant typographe :

MAJUSCULES ROMAINES.

A B C D E F G H I J K L M N O P Q R S T U V X Y Z Æ Œ W.

MINUSCULES ROMAINES.

Rien n'est plus propre à apaiser la colère
chez les hommes, que la soumission de celui qui
y a donné lieu. Cela est vrai à Paris comme à
Moscou.

[1] Ces caractères, un peu moins usés que ceux de Fournier, sont ceux des anciennes frappes de
M. Wafflard. C'est l'époque où les caractères de Baskerville étoient en vogue. Les nouvelles frappes
de cet artiste habile sont beaucoup mieux ; et, comme elles sont très-répandues, nous croyons devoir
nous dispenser d'en donner des échantillons.

[2] Je donnerai dans l'article III une explication sur l'ancienne et la nouvelle nomenclature des
caractères typographiques.

[3] C'est M. Wafflard qui a montré les premiers élémens de la gravure à MM. Pierre et Firmin Didot.

MAJUSCULES ITALIQUES.

A B C D E F G H I J K L M N O P Q R S T U V X Y Z Æ Œ.

MINUSCULES ITALIQUES.

Il est indigne d'un honnête homme de se servir des débris d'une amitié qui finit, pour satisfaire une haine qui commence.

Pierre-François Didot, qui réunissait à la connaissance parfaite de l'Art typographique celle de savant bibliographe, s'occupa également de la fonte des caractères, auxquels il fit subir quelques améliorations sensibles.

M. Henri Didot, son fils[1], se signala de bonne heure aussi dans l'art de graver les poinçons. Il donna pour son début les caractères qui servirent à imprimer la belle édition in-folio de l'*Imitation de Jésus-Christ,* publiée par son père en 1788; et ce coup d'essai fut généralement regardé comme un chef-d'œuvre. Mais, pendant que cet artiste semblait exclusivement occupé de la gravure des caractères, il cherchait à en perfectionner la fonderie, ou plutôt à en multiplier les produits d'après un nouveau procédé nommé *polyamatype* [2].

---

[1] M. Henri Didot a encore deux frères, savoir, M. Didot jeune (Pierre-Nicolas-Firmin), imprimeur à Paris, à qui nous devons une belle édition du *Voyage d'Anacharsis,* in-4°, 7 vol. (1799), avec un superbe atlas; et M. Didot Saint-Léger, qui présenta à l'exposition de 1819 des papiers d'une longueur indéfinie; et, en 1823, les machines créées pour obtenir ces grands résultats.

[2] Le moule dont on se sert dans les autres fonderies ne donne qu'une seule lettre à la fois; et M. Henri Didot est l'inventeur d'un *moule à refouloir* qui parut à l'exposition de l'industrie française en 1806, et qui fut jugé digne d'un prix d'encouragement. Le *moule à refouloir* multiplie la fonte des types, à l'aide d'un moyen qui n'est connu que de l'inventeur, sans le concours incertain de la main, et par l'action rigoureusement précise de la mécanique.

M. Henri Didot, qui reçut la médaille d'or à l'exposition de 1819, obtient par son procédé jusqu'à cent vingt lettres d'un seul jet. Ce procédé n'offre aucun perfectionnement à l'art de la gravure, et par conséquent aucune amélioration à l'œil des types; mais sous le rapport de la célérité, M. Henri Didot doit recueillir de très-grands avantages.

Il y a cinquante ans, environ, M. Pierres, imprimeur du Roi à Versailles, fit des recherches pour fondre d'un seul jet douze lettres; ses essais n'arrivèrent pas à bonne fin. Depuis quelques

Les caractères provenant de ce procédé sont très-répandus : l'italique surtout en est remarquable; on le distingue facilement de tous ceux qui appartiennent à la même époque.

Caractères polyamatypes.

Machaon, célèbre médecin, fils d'Esculape et frère de Podalire, accompagna les Grecs au siège de Troye, et y fut tué par Euripille.

L'Égypte fut gouvernée par ses propres Rois, jusqu'au temps où Cambyse II en fit la conquête; elle fut ensuite réunie à la Perse jusqu'au règne d'Alexandre-le-Grand.

DES CARACTÈRES MODERNES D'ÉCRITURE, ET DES VIGNETTES.

Tandis que les artistes que j'ai cités plus haut renouvelaient les types des caractères *romains* et *italiques*, les caractères d'écriture ne faisaient aucun pas vers la perfection. La *bâtarde ancienne,* en usage au quinzième siècle; la *cursive française,* gravée en 1556, par Granjon, très-répandue encore dans les dernières années du dix-huitième siècle, malgré les frappes de Fournier et les nouvelles frappes de Wafflard; la *ronde,* la *bâtarde brisée,* inventées en 1640 par Moreau; ces deux caractères retouchés par Colombat en 1721; les trois corps de *financière* donnés par Fournier vers l'année 1760; les six corps fondus par Gillé père en 1780; tous les caractères d'écriture enfin qui s'étaient succédés depuis environ deux cent cinquante ans, demandaient une nouvelle perfection. Les vignettes[1], les fleurons, les trophées et les autres objets d'ornemens typographiques, attendaient de nouveaux dessins d'un goût plus épuré. Ce double vœu fut exaucé.

années, M. Pierre Didot et M. Jules, son fils et son successeur, sont parvenus à un meilleur résultat: leur moule, qui fond vingt-quatre lettres à la fois, fut produit à l'exposition de 1823; et M. Jules Didot emploie ce procédé avec succès dans sa fonderie.

[1] Dans l'origine de l'Imprimerie, on plaçait en tête des ouvrages des *vignettes,* ainsi nommées parce que leurs premiers dessins, d'après ceux des anciens manuscrits, offraient des feuilles de vigne. Depuis, les vignettes ont offert différens sujets. A une époque un peu plus rapprochée de nous, et lorsque l'art de la Typographie fut plus connu, quand ces vignettes n'étaient pas en bois, elles étaient composées de petits fleurons et d'autres ornemens gravés en acier, et reproduits en types mobiles. On rencontre encore de ces sortes de vignettes dans les anciennes imprimeries; mais ce n'est que dans certaines villes de province que l'on a conservé l'usage de les composer, d'en faire des espèces d'allégories, et de les placer en tête des ouvrages.

Ce procédé, perfectionné par MM. Lhorthier, Gateaux, Wafflard, Andrieux, Galle, Normand, Gérard, Cornouailles, Jacquemin, etc., et auquel nous devons les billets de la Caisse d'escompte, les assignats, les mandats, les billets de la Banque, et presque tous les papiers-monnaies connus en Europe, n'est employé maintenant en imprimerie que pour encadrer certaines affiches et quelques ouvrages de ville.

En 1789, M. J. Gillé fils succéda à son père. A l'exposition nationale de 1802, il publia des épreuves de différentes vignettes, cadres brisés, écussons, etc., et un tableau synoptique de soixante-dix caractères fondus par lui : ce tableau fut imprimé d'un seul coup de barreau, sur papier dit *jésus*[1]. Il présenta également des cahiers en caractères mobiles d'écriture à l'usage des impressions administratives et commerciales. Ces cahiers, qui rivalisaient avec ceux des célèbres experts Rossignol et Roland, fixèrent l'attention publique. Dans ce genre de caractères, M. Gillé, qui n'a été surpassé depuis que par MM. Firmin Didot et Léger, obtint des médailles accordées aux arts utiles en 1799, 1802, et 1819.

Voici quelques caractères d'écriture donnés par ce fondeur.

Coulée. — MAJUSCULES.

A A B C D E F G H I J K L L M N O P Q R S T U V W X Y Z.

MINUSCULES.

a b c d d e e f g h i j k l l m n o p p q r v s t t u v v w x x y z z.

Ronde. — MAJUSCULES.

A B C D E F G H I J K L M N O P Q R S T U V W X Y Z.

MINUSCULES.

a a b c d d e e f f g g h i j k l l m n o p p q r v s a t t u u v v x x y z z.

---

[1] Cet effort paraissait extraordinaire au commencement du dix-neuvième siècle, époque où l'on ne connaissait encore que les presses en bois et peu de platines à un coup.

Les beaux caractères d'écriture de M. Firmin Didot semblent servir de limite à tout ce qui concerne l'art de la gravure en ce genre; en voici des exemples :

Anglaise. — MAJUSCULES.

A B C D E F G H I K L M N O P Q R S T U V W X Y Z.

Anglaise. — MINUSCULES.

La raison a des illusions sans lesquelles elle perd tout son goût.

Ronde. — MAJUSCULES.

A B C D E F G H I K L M N O P Q R S E U V W X Y Z.

Ronde. — MINUSCULES.

Un homme d'esprit a quelquefois des prétentions, en les connaît; un sot en a sans s'en douter.

Gothique ornée. — MAJUSCULES.

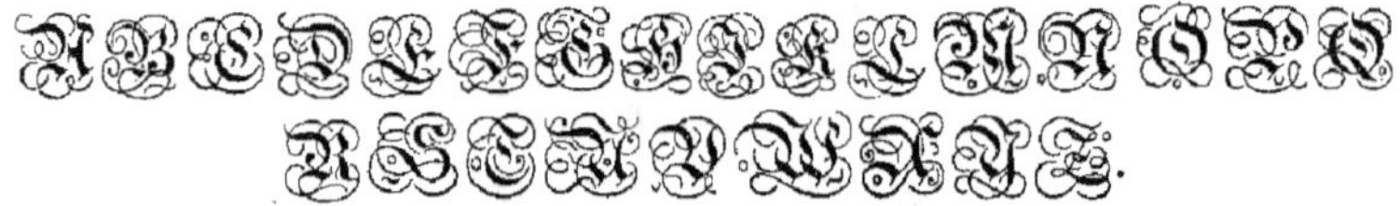

Gothique ornée. — MINUSCULES.

On fait des règles pour les autres et des exceptions pour soi.

Gothique ancienne. — MAJUSCULES.

A B C D E F G H I K L M N O P Q R S T U V W X Y Z.

Gothique ancienne. — MINUSCULES.

Il est peu de caractères méchans; mais il y a beaucoup d'actions méchantes.

SUITE ET FIN DE L'ANALYSE DES CARACTÈRES ROMAINS ET ITALIQUES, GRAVEURS ET FONDEURS CONTEMPORAINS.

C'est à MM. Gérard, Firmin et Henri Didot, Vibert, Molé, Léger, Jacquemin père, et Marcellin-Legrand que nous sommes redevables du perfectionnement des caractères typographiques améliorés d'abord par M. Wafflard[1]. M. Gérard est celui qui, après cet habile graveur, a contribué le plus à donner aux caractères d'impression le plein et la rondeur que nous leur avons conservés. Vers la fin du dix-huitième siècle la plupart des fondeurs de Paris, qui n'étaient pas en même temps graveurs, n'avaient que des matrices provenant des frappes de ce grand maître, qui mourut en 1805.

Les talens de MM. Firmin et Henri Didot sont au-dessus de tout éloge. J'ai déjà parlé de ces savans artistes. J'aurai occasion d'en reparler à l'article III.

M. Vibert, élève de M. Firmin Didot, a gravé la majeure partie des poinçons dont les matrices sont répandues dans plusieurs fonderies de France, et même de l'Europe. Guidé par M. Pierre Didot, il a entrepris et terminé sous les yeux de ce typographe célèbre, les beaux caractères avec lesquels ce dernier a imprimé les chefs-d'œuvre dont j'ai parlé page 41.

A une époque plus rapprochée de nous, M. Vibert a gravé de nouveaux poinçons pour la même fonderie. Le *specimen* des caractères provenant de ces nouvelles frappes est celui dont M. Jules Didot fait usage au moment où nous écrivons. On le trouvera à la fin de l'article III.

Les frappes de M. Jacquemin sont très-répandues; cet artiste marchait sur les traces de M. Vibert, lorsque la mort vint le frapper en 1823. C'est lui qui a gravé pour l'Imprimerie Royale des caractères exotiques fort estimés, tels que l'anglo-saxon, le méso-gothique (celui qu'Ulphilas inventa en 370, et dont nous avons parlé page 49), le runique, et plusieurs caractères russes.

M. Marcellin-Legrand est élève de M. Henri Didot, dont il est le neveu; ses essais prouvent qu'il a compris son maître. Ce jeune artiste brille surtout par des lettres de deux points, des caractères d'écriture et d'affiches que l'on emploie beaucoup dans nos premières imprimeries.

En 1825, M. Marcellin-Legrand fut choisi pour graver de nouveaux types à l'usage de l'Imprimerie Royale. Ce choix fait autant d'honneur à M. Henri Didot qu'à son élève.

M. Léger, neveu de Pierre-François Didot, et cousin de M. Henri Didot, obtint une médaille en 1819; et à l'exposition de 1823 il produisit des

---

[1] Je prie le lecteur de remarquer qu'il n'est ici question que des graveurs-fondeurs, et non des fondeurs de caractères seulement, qui achètent des matrices provenant des frappes des premiers graveurs de la Capitale.

créations nouvelles en caractères d'écriture, et une musique grecque. Les types provenant des frappes de M. Léger, ses lettres de deux points surtout, sont très-recherchés.

M. Molé, dessinateur et peintre dès son enfance, ne connaissait point la gravure; mais, passionné pour les arts, il devint son maître, comme Schœffer, et conçut aussi, comme ce premier typographe, le projet hardi de graver lui-même tous les caractères d'une fonderie. Après trente années entières d'études et de travaux, il fit paraître à l'exposition de 1819 les épreuves générales d'un *specimen* composé de *deux cent six* caractères, français, grecs, hébreux, rabbiniques, arabes, syriaques et samaritains, titres pour affiches, lettres de deux points ornées, vignettes, fleurons, filets anglais, accolades, tremblés, filets en lames, et garnitures à jour [1]. Il est sans exemple de voir une collection aussi considérable gravée par la même main; elle est la plus complète qu'il y ait en Typographie : elle a placé M. Molé au premier rang parmi les artistes de ce genre. On sera moins étonné de ce que j'avance, quand on aura jeté les yeux sur le *specimen* de cet artiste habile, que je placerai à côté de celui de M. Jules Didot.

A l'exposition de 1823, M. Molé présenta de nouvelles épreuves de ses caractères grecs, arabes, syriaques, samaritains et hébreux, qu'il avait améliorés sous la direction de M. Langlès, d'après des manuscrits fournis par ce savant académicien, mort en 1824. Louis XVIII fut si content de ces caractères orientaux, qu'il décerna une médaille d'or à M. Molé, et le nomma chevalier de la Légion-d'Honneur.

Il est cependant juste de dire qu'à l'exception de ces derniers caractères, MM. Wafflard, Gando, Henri Didot, Firmin Didot, Léger, Marcellin-Legrand, Jacquemin, et autres graveurs-fondeurs, ont souvent rivalisé de talent avec M. Molé, par tous les moyens agréables, bons et utiles, quoique différens.

La ville de Bordeaux possédait un typographe habile, M. Pinard, qui transporta sa fonderie et ses presses dans la Capitale en 1822. Cet artiste présenta à l'exposition de 1823 son *specimen*, et des billets de banque fort bien exécutés; il a gravé plusieurs caractères parmi lesquels on remarque une *anglaise* sur corps de *dix*, dans laquelle on croit reconnaître le burin de nos premiers artistes en ce genre.

---

[1] Tous les imprimeurs s'accordent à regarder l'invention des garnitures à jour de M. Molé comme un véritable service rendu à la Typographie; aussi ces garnitures sont-elles aujourd'hui presque généralement adoptées, non-seulement en France, mais encore chez l'étranger.

ARTICLE III.

DE LA CONNAISSANCE DES CARACTÈRES.

On comprend dans la dénomination de *caractère* tous les signes typographiques dont l'ensemble sert à représenter un discours par l'impression.

Chaque corps de *caractère* se compose de *romain* et d'*italique*. L'œil du romain est perpendiculaire; celui de l'italique est penché.

Les caractères *calligraphiques*, communément appelés caractères d'*écriture*, tels que la *bâtarde*, la *coulée* et l'*anglaise*, sont également obliques ou penchés. Les *rondes* et les *gothiques* sont sur un corps *droit*.

La hauteur des caractères, que l'on appelle *hauteur en papier*, est en France de dix lignes et demie, ainsi qu'on le verra ci-après, page 81. Celle des cadrats et des espaces est de huit lignes et demie.

On désigne les caractères de deux manières, par l'ancienne ou par la nouvelle nomenclature.

L'ancienne nomenclature est celle qui date de l'origine de la Typographie, et que l'on connaît sous la dénomination de *gros-romain*, *saint-augustin*, *cicéro*, (pour *Cicéron*), *petit-texte*, etc.; noms empruntés de ceux des auteurs ou des titres des ouvrages à l'impression desquels ces caractères furent employés primitivement. La nouvelle nomenclature que MM. Didot ont adoptée, est celle qui désigne les caractères par *points*.

Ce fut vers l'an 1784 que François-Ambroise Didot, l'honneur et la gloire de la Typographie française, essaya de substituer à l'ancienne dénomination des caractères une nomenclature plus simple, et qui établit une correspondance, une gradation progressive entre eux.

On ne pouvait obtenir cette justesse qu'en formant dans toutes ses parties une fonderie nouvelle, et en adoptant des mesures fixes et connues, auxquelles on s'attachât invariablement.

«La ligne de pied-de-roi, divisée en six mètres, ou mesures égales, dit « M. Pierre Didot, fils aîné du savant typographe dont je parle, servit à graduer « et à dénommer les différens caractères. Le plus petit, qui a les six mètres « complets, ou la ligne de pied-de-roi, se nomme le *six*; celui qui le suit immé- « diatement est le *sept*, composé d'une ligne et d'un mètre de plus. Le *huit*, le « *neuf*, le *dix*, le *onze*, le *douze*, augmentent également de grosseur, et par les « mêmes nuances toujours aussi précises.

« Le *douze* a deux lignes de pied-de-roi : ce caractère, déjà un peu fort, « puisqu'il se trouve placé entre le *cicéro* et le *saint-augustin*, commence une « seconde classe, double de la première, dans laquelle la gradation procède de

« deux mètres en deux mètres, toujours régulièrement. Les caractères qui le
« suivent sont le *quatorze*, le *seize*, le *dix-huit*, le *vingt*, etc. Les caractères
« de cette seconde classe, soit pour la force du corps, soit pour l'œil de la lettre,
« sont aussi exactement le double, le *douze* du *six*, le *quatorze* du *sept*, qu'en
« arithmétique 12 est le double de 6, 14 de 7, etc. »

Ainsi, l'unité principale des proportions typographiques, d'après le système
de MM. Didot, est le *point*, qui équivaut à deux points du pied-de-roi.

Exemple :

6 points typographiques valent 12 points ou 1 ligne du pied-de-roi.
12. . . . . 2 —
18. . . . . 3 — ou un quart de pouce.
36. . . . . »   un demi-pouce.
72. . . . . »   un pouce.

C'est d'après cette nouvelle nomenclature que M. Firmin Didot, jaloux
d'associer ses travaux à ceux de son frère, afin d'élever au prince des poëtes
latins un monument digne de sa gloire, grava les caractères dont se servit
M. Pierre Didot pour sa superbe édition de Virgile. On ne connaissait encore
à cette époque (1798) rien de plus élégant pour la forme, rien de plus régulier,
de mieux aligné, de plus exact pour l'approche et l'espacement des lettres
entre elles, que les types de cette fonte, dont les poinçons furent recommencés
trois fois.

Cette belle édition de *Virgile* ne peut être comparée qu'à celle du célèbre
Bodoni, de Parme, qui parut quelque temps avant celle de notre grand typographe [1].

C'est depuis ce temps que M. Firmin Didot a pris le premier rang parmi les
graveurs français. Ce *Manuel* est imprimé avec les caractères gravés et fondus
par cet artiste.

On compte dans l'ancienne nomenclature vingt-quatre sortes de caractères
ordinaires, comme on le voit par le tableau qui suit.

---

[1] Le premier typographe à qui l'Europe doit cette école de luxe, c'est Joachim Ibarra, imprimeur
à Madrid, dont j'ai déjà parlé page 38 : son *Saluste* fut un exemple pour Bodoni (*voy.* encore
page 38). G. Steevens et quelques autres imprimeurs de Londres imitèrent Bodoni, en publiant
(1791 et 1804) leur *Shakespeare* in-folio, et tous les autres chefs-d'œuvre de la littérature anglaise.
MM. Didot ont suivi cette école; mais ils ont mieux fait, ou du moins telle est mon opinion.

NOMS DES CARACTÈRES d'après L'ANCIENNE NOMENCLATURE.	PROPORTIONS entre LES DIVERS CARACTÈRES.	RAPPORT entre L'ANCIENNE ET LA NOUVELLE NOMENCLATURE PAR POINTS.
Sans-Pareille (¹)........	Demi-Nompareille............	3 points.
		$3\frac{1}{2}$ (²)
Perle...................	....	4
Sédanoise...............	....	$4\frac{1}{2}$ (³)
Parisienne..............	....	5
Nompareille............	Deux Sans-Pareilles.........	6
Mignonne...............	....	$6\frac{1}{2}$
		7 (⁴)
Petit-Texte............	Une Sédanoise et une Sans-Pareille..	$7\frac{1}{2}$
		* 8
Gaillarde..............	Une Sédanoise et une Perle.......	$8\frac{1}{2}$
		* 9
Petit-Romain...........	Une Parisienne et une Sédanoise....	$9\frac{1}{2}$
		* 10
Philosophie............	Une Nompareille et une Sédanoise...	$10\frac{1}{2}$
		* 11
Cicéro.................	Une Mignonne et une Parisienne....	$11\frac{1}{2}$
		* 12
Saint-Augustin.........	Une Gaillarde et une Sédanoise.....	13
Gros-Texte.............	Un Petit-Romain et une Sédanoise...	14
		* 15
Gros-Romain...........	Un Petit-Romain et une Mignonne..	16
Petit-Parangon.........	Une Philosophie et un Petit-Texte..	18
Gros-Parangon.........	Un Cicéro et une Gaillarde........	20
Palestine...............	Un Cicéro et une Philosophie.......	22
		* 24
Petit-Canon............	Deux Saint-Augustins..........	26
Trismégiste............	Deux Gros-Romains...........	32
		* 40
Gros-Canon............	Une Palestine et un Gros-Parangon..	42
Double Petit-Canon.....	Deux Petits-Canons............	52
Double-Canon..........	Deux Gros-Canons.............	84
Grosse-Nompareille.....	Dix Cicéros..................	115
Grosse-Sans-Pareille....	Douze Cicéros................	138

Nota. On s'est servi, pour faire les parangonages ci-dessus, des caractères de M. Molé (dont les *forces de corps* sont celles du célèbre Fournier, fondeur) et de ceux de MM. Firmin et Jules Didot.

(¹) Caractère gravé et fondu par M. Henri Didot, et mis à l'exposition de 1823.
(²) Caractère gravé par M. Vibert, et mis à l'exposition de 1823 par M. Jules Didot.
(³) Tous les demi-points sont des caractères inventés par M. Pierre Didot.
(⁴) Caractère intermédiaire entre la mignonne et le petit-texte, tant pour l'œil que pour la force de corps. Tous les caractères désignés par une étoile sont des caractères intermédiaires adaptés à l'ancienne nomenclature par François-Ambroise et Pierre Didot.

Le caractère ci-dessous, gravé par M. Henri Didot, est un *trois points,* ou une *demi-nompareille.* En gravant ce caractère, M. Henri Didot a reculé les limites du possible. On ne peut, sans être typographe, apprécier toutes les difficultés que ce savant artiste a été obligé de vaincre pour arriver à son but. La pureté de l'œil des lettres rondes, la régularité, la proportion des pleins et des jambages des lettres longues, qui ne perdent aucun de leurs avantages étant vus à la loupe, remplissent d'étonnement et d'admiration les hommes les plus exercés dans l'art de la Typographie. Ce chef-d'œuvre valut une médaille d'or à M. Henri Didot, à l'exposition de 1823. Ce savant artiste en avait reçu une pareille en 1819.

On pourrait avec ce caractère étonnant, bien mieux qu'avec tout autre, imprimer pour les amateurs les œuvres de nos plus féconds écrivains, et réaliser encore mieux l'idée de *Mercier-Bonnet-de-Nuit,* qui voulait, comme cela est arrivé de nos jours, que l'on mît, pour la commodité de la *grande* et de la *petite propriété,* Voltaire en un seul volume.

Voici le *specimen* de ce caractère admirable, auquel les Anglais même ne peuvent rien opposer:

CARACTÈRE DEMI - NOMPAREILLE,

GRAVÉ ET FONDU

PAR HENRI DIDOT,

INVENTEUR

DE LA

FONDERIE POLYAMATYPE.

1823

[Specimen paragraph en caractères microscopiques, en grande partie illisible.]

Les noms des caractères dont on vient de voir le tableau, tant de l'ancienne nomenclature que de la nouvelle (les caractères *microscopiques* exceptés), ne servent qu'à indiquer leur grosseur dans l'ordre admis. Mais dans les épaisseurs de ces divers caractères, qu'en termes techniques on nomme *force de corps* [1], l'*œil* du type peut varier selon la volonté du fondeur; c'est-à-dire que chaque corps peut offrir plusieurs *œils* différens [2].

On distingue les différentes variations d'un même corps par les dénominations de *petit-œil, œil ordinaire* et *gros-œil.* Ensuite il y a les *serrés* ou *hollandais,* les *poétiques,* etc. Ainsi l'on peut dire : *cicéro petit-œil, cicéro œil ordinaire, cicéro gros-œil, cicéro poétique;* et employer cette dénomination à l'égard de tous les autres corps de caractères, soit pour l'ancienne, soit pour la nouvelle nomenclature. De manière que les vingt-quatre sortes désignées ci-dessus peuvent former un nombre total de quatre-vingt-seize espèces au moins, tant pour le *romain* que pour l'*italique.*

On peut fondre tous les caractères sur un corps supérieur; c'est-à-dire qu'un *œil* de *petit-romain,* par exemple, peut se fondre sur un corps de *philosophie;* un *cicéro,* sur un corps de *saint-augustin,* etc. Dans ce cas, ces caractères, offrant une *épaule* plus large, paraissent toujours interlignés, comme j'aurai occasion de le démontrer plus tard. On peut aussi, par un moyen contraire, fondre un caractère supérieur sur un corps inférieur, comme, par exemple, un *cicéro* sur un corps de *philosophie,* ou une *philosophie* sur le corps de *petit-romain,* en supprimant les lettres longues et en les remplaçant par d'autres gravées exprès.

Mais l'œil des types a bien varié depuis trente ans; c'est-à-dire depuis la publication du beau *Virgile* de MM. Didot. Que d'acier tourmenté en France pour donner une nouvelle forme aux caractères romains et italiques, dont la plupart pouvaient, à juste titre, passer pour des chefs-d'œuvre! Devait-on fouler entièrement aux pieds les modèles de Garamond, de Fournier, de Gilé père et des anciens Didot, qu'il fallait, au contraire, étudier et perfectionner? Le Graveur et le Typographe ont créé isolément et sans guide fixe; et si cet art a conservé une école, on est forcé de convenir que les maîtres ne sont pas d'accord entre eux. La forme des types change à chaque production nouvelle; l'œil de la lettre devient de jour en jour plus gras, plus arrondi, et, par conséquent, plus fatigant à la lecture. On a dépassé le but en voulant l'atteindre;

---

[1] Dans l'ancienne nomenclature on appelle *force de corps* l'épaisseur de la lettre, c'est-à-dire la tige du type, qui est ordinairement de la forme d'un carré plat, tel que nous la représentons ▬▬▬▬▬.

Dans la nouvelle nomenclature, où l'on prend le point typographique pour base de la *force de corps,* on entend le nombre de points qu'elle contient.

[2] On appelle *œil* la partie saillante qui représente le type. On reconnaît ces divers *œils* au nombre de *crans* que l'on place ordinairement soit en bas soit en haut de la tige, communément nommée *lettre.*

et en voulant plaire aux yeux, on les a trompés, puisqu'il est prouvé que les impressions modernes fatiguent davantage la vue que celles des Elzévirs, des Étiennes, des Barbou, des François-Ambroise et Pierre-François Didot, d'Ibarra, de Bodoni et de Baskerville.

Je fus témoin, il y a quelques temps, d'une expérience dont le résultat doit être connu.

On avait placé sur une cheminée un volume ouvert, de format in-4°, imprimé à l'Imprimerie Royale avec un caractère *gros-romain* provenant des frappes maigres et allongées d'Alexandre et de Grandjean. A côté de ce volume, on en ouvrit un autre de même format, imprimé également avec un *gros-romain* provenant des frappes modernes. La même personne essaya de lire une page de chacun de ces deux volumes en s'en éloignant insensiblement. A une distance de quatre pas on pouvait à peine distinguer les caractères modernes, quand à une distance de six pas on lisait encore les caractères de l'Imprimerie Royale, dont je ne prétends pas d'ailleurs faire l'éloge, quant à leur forme, et que je ne cite en ce moment que pour démontrer l'avantage des anciennes frappes sur les frappes modernes, relativement à la vue.

Quant aux caractères d'affiches et aux lettres de deux points, ils deviennent de jour en jour plus ridicules. Que dire, par exemple, des échantillons que nous allons mettre sous les yeux de nos lecteurs, sinon que ces caractères, d'abord gravés à Londres, copiés sur bois par lignes isolées, et reproduits en France, ne cessent d'offenser le goût?

BACCHUS.

ordonnances.

STRASBOURG.

MANLIUS. JACOB.

NABUCHODONOSOR, ROI DE BABYLONE.

Royaume des Pays-Bas.

Ces caractères, dont les Anglais ont emprunté les formes à nos premières tapisseries fabriquées en 1300, ont été importés d'Angleterre en France, en 1822, par M. Smith, Imprimeur anglais établi à Paris, et par deux Imprimeurs de la capitale.

On a cherché à améliorer ce genre de gravure, dont les formes sont lourdes, bizarres et grotesques; mais, comme le dit fort bien M. Gillé dans un écrit qu'il a publié à ce sujet en 1823, tout le talent possible ne peut embellir des magots.

Il serait à désirer de voir rejeter cette innovation de notre belle Typographie. Qu'un Imprimeur, né Anglais, exerçant honorablement son art à Paris, emploie ces caractères dans ses affiches ou dans les titres de ses *labeurs*, cela se conçoit : dès l'enfance, sa vue est habituée à ces formes monstrueuses, et les Hottentots ne trouvent pas d'enfans plus jolis et mieux faits que les leurs; mais que nos premiers Imprimeurs de la capitale substituent ces caractères à ceux que nous possédons, et qui sont gravés avec soin par nos plus grands maîtres, voilà ce qu'on ne peut comprendre. Je pense que l'on pourrait graver des caractères d'affiches et de titres d'un œil plus gras, et conserver nos belles formes françaises.

Ceux dont je vais donner des exemples sont placés entre nos caractères ordinaires et ceux que l'on vient de voir. Ils conviennent assez à l'impression des affiches, et les lettres de deux points ne sont pas déplacées dans un titre quand elles y sont mises d'une manière convenable et que le goût peut seul indiquer. Les poinçons en ont été faits par M. Firmin Didot.

Nouveaux caractères d'affiches romains. — MAJUSCULES.

ABCDEFGHIJK
LMNOPQRSTU
VWXYZ.

MINUSCULES.

Il ne faut pas rester
indifférent sur la loi.

Caractère italique gravé et fondu par M. Marcellin Legrand.

MAJUSCULES.

ABCDEFGHIJKL MNOPQRSTUVW XYZ.

MINUSCULES.

Vous savez, Français, si ce Prince voulait pardonner.

C'est donc de leurs formes et de leurs proportions que les caractères typographiques retirent tout leur avantage. Ces belles formes, ces proportions régulières sont observées dans plusieurs caractères modernes, et surtout dans les capitales sorties des burins de MM. Firmin et Henri Didot, Vibert, Molé, Léger et Marcellin Legrand. Ces artistes ont senti que pour réussir à graver une collection de lettres de deux points, propres à former de beaux titres dignes de figurer en tête des anciennes comme des nouvelles éditions, ils devaient se pénétrer de la difficulté de donner des contours gracieux, de beaux pleins, de belles lignes, d'un à-plomb parfait. Ce point important ne peut être obtenu qu'en calculant bien la gradation des *pleins* et des *déliés*, depuis la *parisienne* jusqu'aux plus gros caractères d'affiches.

Lettres de deux points gravées par M. Léger.

MONTESQUIEU.
VOLTAIRE.

On se servait autrefois de lettres *ornées*, *frisées* et *grises* pour les titres. La Typographie, soumise à l'empire de la mode comme tous les produits de l'industrie humaine, nous rend aujourd'hui, par la voie de cette déesse inconstante et capricieuse, ces mêmes lettres oubliées depuis trente ans et, quoiqu'elles soient un peu changées de forme, on est forcé de convenir qu'elles donnent beaucoup d'agrément à un titre, lorsqu'elles y sont distribuées avec art.

Lettres ornées et ombrées du commencement du dix-neuvième siècle.

MINERVE.
PHÉBUS. SATURNE.
CYNTHIE. CYBELE.

Lettres ornées modernes gravées et fondues par M. Dallut.

Lettres ornées modernes gravées et fondues par M. Pinard.

CHANSONNIER.

Lettres blanches anglaises, DITES OMBRÉES OU EN RELIEF.

PACHA.

FITZ. NAIN.

CARCASSONNE.

MM. Lafont et Dallut ont gravé un caractère en lettres blanches; M. Jules Didot a employé ces lettres pour le Testament de Louis XVI, qu'il a imprimé sur une feuille de papier *grand-monde*. En voici un échantillon :

MAJUSCULES.

ABCDEFGHIJKLMNO PQRSTUVWXYZ.

MINUSCULES.

Cette classe se compose d'une portion loyale qu'il faut laisser.

Je bornerai là les exemples pour les caractères de nouvelle invention.

On aura dans les *specimen* de MM. Jules Didot et Molé une idée de la forme de tous les autres caractères typographiques, tant de l'ancienne nomenclature que de la nouvelle.

Obligé de me renfermer dans le cercle tracé pour ce *Manuel*, je donnerai seulement ces deux *specimen*, comme les plus considérables, et sans avoir nullement l'intention de porter atteinte ni aux intérêts ni à la réputation de messieurs les autres graveurs-fondeurs que j'ai cités dans cet ouvrage, et dont les talens et la personne sont également recommandables.

Pour faciliter à messieurs les imprimeurs, libraires et hommes de lettres le moyen de savoir ce qu'un caractère gagne ou perd sur celui qui le précède ou qui le suit, c'est-à-dire sur celui qui lui est supérieur ou inférieur, je donnerai dans les deux *specimen* suivans la même phrase, depuis la *parisienne* ou le *cinq*, jusqu'au *petit-texte* ou le *sept et demi*; et depuis la *gaillarde* ou le *huit*, jusqu'au *cicéro* ou le *onze*; depuis le *saint-augustin* ou le *douze*, jusqu'au *gros-romain* ou le *seize*. J'emploierai la justification in-12, comme étant celle du format intermédiaire en librairie, et par conséquent celle qui peut mieux établir le calcul typographique que je me propose de mettre sous les yeux de mes lecteurs.

Par ce moyen, et après avoir examiné avec un peu d'attention ces deux *specimen* généraux, le libraire, l'éditeur d'un ouvrage, ou l'imprimeur lui-même, pourra statuer d'une manière plus positive sur les différens caractères qu'il doit employer, et sur les avantages qu'il doit retirer de leur composition.

Cette partie de l'art typographique ne sera pas moins utile aux hommes de lettres qui voudront faire imprimer pour leur compte, qu'aux libraires-éditeurs. « Ceux même d'entre eux, dit le célèbre Fournier, qui se piquent le plus de « connaître les livres, sont souvent très-embarrassés lorsqu'il s'agit de donner « une idée juste du caractère avec lequel ils sont imprimés ; ordinairement les « noms leur manquent ; quelquefois ils les estropient, mais souvent ils emploient « des expressions équivoques, en disant que tel livre est imprimé en gros ou « en petit caractère, ce qui ne présente qu'une idée vague et indéterminée qui « ne signifie rien ; car un *cicéro*, par exemple, qui est le caractère le plus en « usage dans l'imprimerie, est gros par rapport à la *nonpareille* ou à la *parisienne*, « et très-petit relativement au *gros* ou au *petit-canon*. »

Les exemples de caractères que je vais donner serviront aussi à les distinguer les uns des autres, à faire voir la différence de grosseur qui existe entre eux, à mettre en rapport l'ancienne nomenclature avec la nouvelle, et à faire connaître leurs noms d'une manière précise.

Pour savoir, à la seule inspection d'un livre, le nom du caractère avec lequel il est imprimé, il suffira de chercher dans les deux *specimen* placés dans ce *Manuel*, l'exemple qui paraîtra de la grosseur du caractère que l'on veut connaître, en présentant un certain nombre de lignes de l'un sur un pareil nombre de l'autre ; si ces lignes se trouvent également distantes et se rencontrent justes en haut et en bas, on aura le nom du caractère qui devient l'objet de la recherche.

Les caractères ne s'emploient pas toujours sur leurs corps naturels ; ils sont souvent *interlignés*, c'est-à-dire qu'on met entre chaque ligne un corps étranger, une espèce de lame de plomb qu'on nomme *interligne*.

On reconnaît le corps naturel du caractère, lorsque les queues des p, q, g, y, d'une ligne avoisinent de très-près celles des b, d, l, f, de la ligne qui suit. Lorsque, au contraire, les queues de ces lettres s'éloignent de l'épaisseur de deux ou trois cartes, selon la force des interlignes, la matière est interlignée.

Exemple d'un caractère interligné.

Ce n'est point en Égypte que la typographie, la polytypie ont vu le jour ; c'est dans différentes villes de la Hollande, de l'Allemagne, de l'Italie et de la France.

Exemple d'un caractère non interligné.

Ce n'est point en Égypte que la typographie, la polytypie ont vu le jour ; c'est dans différentes villes de la Hollande, de l'Allemagne, de l'Italie et de la France.

La distance qui se trouve entre les deux lignes parallèles non interlignées est la grandeur de ce qu'on nomme l'*épaule*. Cette distance est généralement de quatre septièmes de l'épaisseur de la lettre pour celles qui sont sans queue, telles que m, n, o, a, r, s, etc., attendu que les sept parties se divisent ainsi : trois pour l'*œil*, *deux* dessus et *deux* dessous pour les blancs sur lesquels doivent s'étendre les b, g, d, f, j, l, y.

Ainsi donc c'est la réunion des deux septièmes provenant de la ligne supérieure et des deux septièmes appartenant à la ligne inférieure qui établit la distance des quatre septièmes dont je viens de parler ; mais cela ne s'entend que pour les caractères non interlignés et fondus sur leurs corps naturels. J'ai déjà dit que les caractères paraissent interlignés quand ils sont fondus sur un corps supérieur.

Ce *Manuel* n'étant consacré qu'à la typographie française, je me bornerai à donner des exemples de nos caractères nationaux. Par ce moyen MM. les imprimeurs, libraires et hommes de lettres pourront choisir d'un coup d'œil les caractères qui leur conviendront le mieux pour l'impression des ouvrages qu'ils auront à publier, en les désignant d'après les termes de l'art et par leur véritable dénomination.

ARTICLE IV.

DES DIFFÉRENS SIGNES TYPOGRAPHIQUES.

Il existe en typographie, outre les types qui représentent les lettres et les signes de ponctuation, d'autres signes usités dans l'imprimerie et qui sont relatifs à certains arts et à certaines sciences. Comme il est important qu'un imprimeur les connaisse, je vais en donner la classification.

SIGNES ALGÉBRIQUES.

+ Plus.
— Moins.
= Égal.
± Plus moins.
× Multiplié par.
> Plus grand que.

< Plus petit que.
: Est à.
:: Comme.
∺ Proposition.
√ Radical.
√ Racine.

FIGURES GÉOMÉTRIQUES.

‖ Parallèle.
≡ Égalité.
⊥ Perpendiculaire.
< Angle.
△ Triangle.
▭ Rectangle.
∟ Angle droit.

∨ Angles égaux.
□ Carré.
○ Cercle.
◇ Losange.
° Degré.
′ Minute.
″ Seconde.

SIGNES DU ZODIAQUE.

♈ Le Bélier.
♉ Le Taureau.
♊ Les Gémeaux.
♋ L'Écrevisse.
♌ Le Lion.
♍ La Vierge.

♎ La Balance.
♏ Le Scorpion.
♐ Le Sagittaire.
♑ Le Capricorne.
♒ Le Verseau.
♓ Les Poissons.

PLANÈTES.

☉ Le Soleil.
☿ Mercure.
♀ Vénus.
♁ La Terre.
♂ Mars.
Vesta.

Junon.
♀ Cérès.
⚴ Pallas.
♃ Jupiter.
♄ Saturne.
♅ Uranus.

PHASES DE LA LUNE.

Nouvelle Lune.   Pleine Lune.

Premier Quartier.   Dernier Quartier.

ASPECTS.

Conjonction.   Opposition.

Sextile.   Comète.

Quadrat.

Trine.   Nœuds.

SIGNES DE MÉDECINE.

Prenez.   Scrupule.

Livre.   Demi.

Once.   Grain.

Dragme ou gros.   De chaque chose ci-dessus.

SIGNES DIVERS.

Livres poids.   Pied de mouche.

Livres tournois.   Paragraphe.

Sous.   Étoile ou Astérisque.

Deniers.   Croix.

Livres sterling.   ā ē ī ō ū   Longues.

Pour cent.   ă ĕ ĭ ŏ ŭ   Brèves.

Numéro.   ă̄ ĕ̄ ī̆ ŏ̄ ŭ̄   Douteuses.

1 2 3 4 5   } Chiffres barrés.   Ñ ñ   Tilde, lettres espagnoles.

6 7 8 9 0   }

¹/₂ ³/₄ ⁵/₆ ⁷/₈ } Fractions.   ã õ   Lettres portugaises.

½ ¾ ⅝ ⅞ ¹⁰⁄₃₀₀ }   ä ö   Lettres allemandes.

″   Nullité.   Verset.

ᵉ ʳ ˢ   Lettres supérieures.   Répons.

                          Index.

ORDRES FRANÇAIS.

Saint-Esprit.   Mérite militaire.

Saint-Michel.   Saint-Lazare.

Saint-Louis.   Légion d'Honneur.

ARTICLE V.

EMPLOI DES CARACTÈRES RELATIVEMENT AUX FORMATS [1].

Tous les corps, depuis la *grosse-nompareille* jusqu'au *petit-canon* et à la *palestine* inclusivement, ne servent presque jamais que pour les affiches ou placards.

Le *gros* et le *petit-parangon* n'étaient employés autrefois que pour des livres d'*heures* qui portaient leurs noms, mais que l'on ne réimprime presque plus. On emploie ces caractères, ainsi que le *gros-romain* et le *gros-texte*, dans le format *in-folio*, pour des ouvrages de luxe, des chefs-d'œuvre typographiques, etc. [2].

---

[1] La connaissance des formats n'est pas aussi facile qu'on se l'imagine, et l'on nous permettra, à propos des caractères que l'on doit employer pour chacun d'eux, d'entrer dans quelques détails bibliographiques à ce sujet.

La plupart des formats se distinguent à l'inspection d'un livre, et chacun dépend de la manière dont la feuille est pliée. Ainsi la feuille pliée en deux désigne l'*in-folio* (4 pages); en quatre, l'*in-4°* (8 pages); en huit, l'*in-8°* (16 pages); en douze, l'*in-12* (24 pages), etc. Nous donnerons de plus grands développemens sur cette matière à l'article concernant les brocheuses.

On est quelquefois induit en erreur sur la nature d'un format, surtout lorsqu'il est question d'un livre imprimé au quinzième ou seizième siècle. Ce livre semble être au-dessous du format auquel il appartient réellement, parce qu'ayant été imprimé sur du papier plus petit que le carré dont on s'est servi depuis, et les marges, qui étaient originairement fort grandes, ayant été rognées plusieurs fois, l'*in-folio* a dû se réduire à la forme de l'*in-4°*, et celui-ci à celle de l'*in-8°*. Ce qui rend encore les erreurs plus fréquentes, c'est que dans les premiers temps de l'Imprimerie on faisait rarement usage de *signatures* et de *réclames*. Pour éviter de pareilles méprises, il est nécessaire de faire attention aux *pontuseaux*, c'est-à-dire aux raies transparentes qui traversent le papier entièrement dans la distance de 12 à 15 lignes, ou de 27 à 33 traits, selon la grandeur de la feuille, et qui coupent à angles droits d'autres raies extrêmement rapprochées et moins sensibles, que l'on nomme *vergeures*. Les *pontuseaux* sont toujours perpendiculaires dans l'*in-folio* et dans l'*in-8°*, et horizontaux dans l'*in-4°* et dans l'*in-12*.

Le *pontuseau* est une verge de métal qui traverse les *vergeures* dans les formes sur lesquelles on coule le papier. On appelle aussi *pontuseaux* les raies que ces verges laissent sur le papier.

Chaque format est en grand papier, ou en papier ordinaire, ou en petit papier. Cette différence de grandeur occasione aussi des méprises. L'*in-8°*, par exemple, étant en petit papier, se confond aisément avec l'*in-12* en papier ordinaire, posé sur la même tablette; le grand *in-8°* se confond avec le petit *in-4°*, etc. Ces confusions ne sont pas préjudiciables dans l'arrangement des livres sur les tablettes; mais il en résulterait des erreurs bibliographiques graves, si dans un catalogue on désignait un petit *in-8°* sous le nom d'un *in-12*, ou un *in-12* sous le nom d'un *in-8°* : ce serait créer des éditions qui n'ont jamais existé. Pour éviter ces erreurs, il faut consulter l'ordre des *signatures*, dont nous indiquerons le placement au TITRE IV.

[2] Ceci ne s'entend que pour les justifications à longues lignes. Quand les pages *in-folio* sont à deux ou trois colonnes, on emploie les caractères dont on se sert ou pour les *in-8°* ou pour les *in-12*.

Le *gros-texte* et le *saint-augustin* sont assez généralement consacrés au format *in*-4°. Le *cicéro*, la *philosophie* et le *petit-romain*, aux *in*-8° et aux *in*-12.

Les caractères inférieurs servent aux formats plus petits, comme l'*in*-16, l'*in*-18, l'*in*-24, l'*in*-32, etc.

Mais cette règle n'est pas généralement observée; car il arrive souvent qu'un libraire ou un auteur, voulant donner à son ouvrage plus d'apparence, on emploie un caractère un peu plus gros que ceux dont on se sert ordinairement; et des *in*-18 en *cicéro*, des *in*-8° en *saint-augustin* et même en *gros-romain*, ne sont pas sans exemple; comme l'on voit aussi, par un motif contraire, des *in*-8° et même des *in*-4° en *petit-romain*.

C'est le goût qui doit présider au choix que l'on fait d'un caractère, relativement à chaque format; et l'on ne peut sans motif se décider ou pour l'un ou pour l'autre. On doit éviter le reproche fondé que l'on a fait et que l'on fait encore à certains imprimeurs ou libraires, de consulter plus souvent leur intérêt que celui de l'acheteur et de l'Art typographique.

SPÉCIMEN DES CARACTÈRES

DE MM. FIRMIN DIDOT, JULES DIDOT, ET MOLÉ.

Molé.
(Ancienne Nomenclature.)

Firmin Didot.
(Nouvelle Nomenclature.)

Jules Didot.
(Nouvelle Nomenclature.)

Molé. (Ancienne Nomenclature.)

PARISIENNE

NONPAREILLE.

MIGNONNE.

PETIT TEXTE

PETIT TEXTE POÉTIQUE

HUIT.

Firmin Didot. (Nouvelle Nomenclature.)

CINQ ET DEMI

CINQ.

SIX.

SIX Z.

SEPT ET DEMI (corps 6.)

SEPT ET DEMI POÉTIQUE (corps 6.)

HUIT.

Jules Didot. (Nouvelle Nomenclature.)

CINQ ET DEMI.

CINQ.

SIX.

SIX ET DEMI.

SEPT.

SEPT ET DEMI.

HUIT.

Molé. (Ancienne Nomenclature.)

GAILLARDE

L'éloquence est le médecin des esprits : c'est la
lyre d'Amphion, qui entraîne après soi les forêts
et les rochers ; c'est le caducée de Mercure, qui lui
donne l'empire sur le ciel, la terre et les enfers,
par la force de la persuasion.

PETIT ROMAIN.

L'éloquence est le médecin des esprits : c'est
la lyre d'Amphion, qui entraîne après soi les
forêts et les rochers ; c'est le caducée de Mercure,
qui lui donne l'empire sur le ciel, la terre et les
enfers, par la force de la persuasion.

PHILOSOPHIE.

L'éloquence est la lyre d'Amphion, qui entraîne après
soi les forêts et les rochers ; c'est le caducée
de Mercure, qui lui donne l'empire
sur le ciel, la terre et les enfers, par la
force de la persuasion.

CICÉRO.

L'éloquence est le médecin des esprits : c'est la lyre d'Amphion, qui entraîne après soi les forêts et les rochers ;
c'est le caducée de Mercure, qui lui
donne l'empire sur le ciel, la terre et
les enfers, par la force de la persuasion.

Firmin Didot. (Nouvelle Nomenclature.)

HUIT ET DEMI (corps 8.)

L'éloquence est le médecin des esprits : c'est la
lyre d'Amphion, qui entraîne après soi les forêts
et les rochers ; c'est le caducée de Mercure, qui lui
donne l'empire sur le ciel, la terre et les enfers,
par la force de la persuasion.

NEUF.

L'éloquence est le médecin des esprits : c'est
la lyre d'Amphion, qui entraîne après soi les
forêts et les rochers ; c'est le caducée de Mercure, qui lui donne l'empire sur le ciel, la terre
et les enfers, par la force de la persuasion.

NEUF ET DEMI (corps 9.)

L'éloquence est le médecin des esprits : c'est
la lyre d'Amphion, qui entraîne après soi les
forêts et les rochers ; c'est le caducée de Mercure, qui lui donne l'empire sur le ciel, la terre
et les enfers, par la force de la persuasion.

DIX.

L'éloquence est le médecin des esprits :
c'est la lyre d'Amphion, qui entraîne après
soi les forêts et les rochers ; c'est le caducée
de Mercure, qui lui donne l'empire sur le
ciel, la terre et les enfers, par la force de
la persuasion.

DIX ET DEMI (corps 10.)

L'éloquence est le médecin des esprits :
c'est la lyre d'Amphion, qui entraîne après
soi les forêts et les rochers ; c'est le caducée
de Mercure, qui lui donne l'empire sur le
ciel, la terre et les enfers, par la force de
la persuasion.

ONZE.

L'éloquence est le médecin des esprits : c'est la lyre d'Amphion, qui entraîne après soi les forêts et les rochers ;
c'est le caducée de Mercure, qui lui
donne l'empire sur le ciel, la terre et les
enfers, par la force de la persuasion.

ONZE ET DEMI (corps 11.)

L'éloquence est le médecin des esprits : c'est la lyre d'Amphion, qui entraîne après soi les forêts et les rochers ;
c'est le caducée de Mercure, qui lui
donne l'empire sur le ciel, la terre et les
enfers, par la force de la persuasion.

Jules Didot. (Nouvelle Nomenclature.)

HUIT ET DEMI

L'éloquence est le médecin des esprits : c'est la
lyre d'Amphion, qui entraîne après soi les forêts
et les rochers ; c'est le caducée de Mercure, qui lui
donne l'empire sur le ciel, la terre et les enfers,
par la force de la persuasion.

NEUF.

L'éloquence est le médecin des esprits : c'est
la lyre d'Amphion, qui entraîne après soi les
forêts et les rochers ; c'est le caducée de Mercure, qui lui donne l'empire sur le ciel, la terre
et les enfers, par la force de la persuasion.

NEUF ET DEMI.

L'éloquence est le médecin des esprits : c'est
la lyre d'Amphion, qui entraîne après soi les
forêts et les rochers ; c'est le caducée de Mercure, qui lui donne l'empire sur le ciel, la
terre et les enfers, par la force de la persuasion.

DIX.

L'éloquence est le médecin des esprits :
c'est la lyre d'Amphion, qui entraîne après
soi les forêts et les rochers ; c'est le caducée
de Mercure, qui lui donne l'empire sur le
ciel, la terre et les enfers, par la force de
la persuasion.

DIX ET DEMI.

L'éloquence est le médecin des esprits :
c'est la lyre d'Amphion, qui entraîne après
soi les forêts et les rochers ; c'est le caducée
de Mercure, qui lui donne l'empire sur le
ciel, la terre et les enfers, par la force de
la persuasion.

ONZE.

L'éloquence est le médecin des esprits : c'est la lyre d'Amphion, qui entraîne après soi les forêts et les rochers ;
c'est le caducée de Mercure, qui lui
donne l'empire sur le ciel, la terre et les
enfers, par la force de la persuasion.

ONZE ET DEMI.

L'éloquence est le médecin des esprits : c'est la lyre d'Amphion, qui entraîne après soi les forêts et les rochers ;
c'est le caducée de Mercure, qui lui
donne l'empire sur le ciel, la terre et les
enfers, par la force de la persuasion.

Molé.
(Ancienne Nomenclature.)

Firmin Didot.
(Nouvelle Nomenclature.)

Jules Didot.
(Nouvelle Nomenclature.)

Firmin Didot — DOUZE.

Le terme où la haine meurt dans le cœur d'un *honnête homme* est l'instant où l'infortune fond sur celui qui en est l'objet.

Jules Didot — DOUZE.

Le terme où la haine meurt dans le cœur d'un *honnête homme* est l'instant
où l'infortune fond sur celui qui en est l'objet.

SAINT AUGUSTIN.

Le terme où la haine meurt dans le cœur d'un *honnête homme*
est l'instant où l'infortune fond sur celui qui en est l'objet.

TREIZE.

Le terme où la haine meurt dans le cœur d'un *honnête homme* est l'instant où l'infortune fond sur celui qui en est l'objet.

GROS TEXTE.

Le terme où la haine meurt dans le cœur d'un *honnête homme*
est l'instant où l'infortune fond sur celui qui en est l'objet.

QUATORZE.

Le terme où la haine meurt dans le cœur d'un *honnête homme*
est l'instant où l'infortune fond sur celui qui en est l'objet.

QUINZE.

Le terme où la haine meurt dans le cœur d'un *honnête homme*
est l'instant où l'infortune fond sur celui qui en est l'objet.

GROS ROMAIN.

Le terme où la haine meurt dans le cœur d'un *honnête homme* est l'instant où l'infortune fond sur celui
qui en est l'objet.

SEIZE.

Le terme où la haine meurt dans le cœur d'un *honnête
homme* est l'instant où l'infortune fond sur celui qui en
est l'objet.

PETIT PARANGON.

La plupart *des hommes* ont, comme les plantes, des
propriétés que le hasard fait découvrir.

DIX-HUIT.

La plupart *des hommes* ont, comme les plantes, des
propriétés que le hasard fait découvrir.

GROS PARANGON.

Une des erreurs *les plus communes* est de
prendre la suite d'un événement pour sa consé-
quence.

VINGT.

Une des erreurs *les plus communes* est de
prendre la suite d'un événement pour sa consé-
quence.

PALESTINE.

L'esprit de parti abaisse les plus *grands
hommes* jusqu'aux petitesses du peuple.

VINGT-DEUX.

L'esprit de parti abaisse les plus *grands
hommes* jusqu'aux petitesses du peuple.

VINGT-DEUX.

L'esprit de parti abaisse les plus *grands
hommes* jusqu'aux petitesses du peuple.